创新创业基础

（行动版）

主　编　李冬梅
副主编　康振华　张丽华

西安交通大学出版社
XI'AN JIAOTONG UNIVERSITY PRESS

图书在版编目(CIP)数据

创新创业基础：行动版 /李冬梅主编． — 西安：西安交通大学出版社，2023.7
ISBN 978-7-5693-3359-6

Ⅰ．①创… Ⅱ．①李… Ⅲ．①创业—研究 Ⅳ．①F241.4

中国国家版本馆 CIP 数据核字(2023)第 139104 号

书　　名	创新创业基础（行动版） CHUANGXIN CHUANGYE JICHU (XINGDONGBAN)
主　　编	李冬梅
项目策划	刘　晨
责任编辑	张静静
责任校对	陈　昕
装帧设计	伍　胜
出版发行	西安交通大学出版社 （西安市兴庆南路1号　邮政编码 710048）
网　　址	http://www.xjtupress.com
电　　话	(029)82668357　82667874(市场营销中心) (029)82668315(总编办)
传　　真	(029)82668280
印　　刷	陕西博文印务有限责任公司
开　　本	787 mm×1092 mm　1/16　印张　12.5　字数　250千字
版次印次	2023 年 7 月第 1 版　2023 年 7 月第 1 次印刷
书　　号	ISBN 978-7-5693-3359-6
定　　价	42.00 元

如发现印装质量问题，请与本社市场营销中心联系。

订购热线：(029)82665248　(029)82667874
投稿热线：(029)82668254　QQ：465094271
读者信箱：465094271@qq.com

版权所有　侵权必究

序

从生命诞生的那一刻起,人类就开启了对世界万物以及生存环境的不断探索,并且在每个不同的成长阶段都有独特的学习内容和模式。为更好地应对科技飞速发展、信息爆炸、数字化和全球化、自然资源逐渐枯竭等因素带来的社会变革,人类的生存发展对人自身知识的丰富度、信息快速迭代的认知能力、颠覆式的创造思维能力及广泛合作能力等方面的要求越来越高。我们已经无法从单一学科中找到答案了,只有通过跨学科的实践和探索,才能创造性地找到解决方案。

什么才是有价值的学习?可能很多人从未认真思考过这个问题。对学习者而言,可以让生活变得更加美好、更加有意义的学习才具有更强大的驱动力和吸引力。有一种学习,可以让今天的你具备更全面的能力,开创自己未来美好的幸福人生,即"做中学""学中思""思中悟""悟中行",行知合一,在体验中学习,在学习中成长!

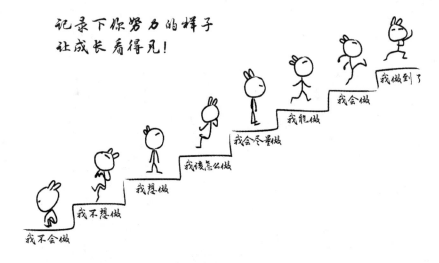

人与人之间最根本的差异是认知能力上的差异,而认知能力的提升又源于心智模式的改善。所以,成长的本质就是让大脑的认知变得更加清晰,让心智模式

不断升级。无论当今科学技术多么发达,人们对于心智模式的改变却无能为力。我们只有在成长的道路上不断地小步快跑,清醒地认知自我并激发和保持自我提升的内驱力,才有可能收获全新的自己。只要心中还有希望,什么时候开始都是最好的时机。

现在,让我们一起出发,开启一段神奇的"创新创业体验之旅"吧!

前　言

一、写给学习者的话

从小学、初中到高中的学习经历,已经让"找到解题的标准答案"成为学习者的一种行为习惯。然而,在未来漫长的人生道路上每个人可能会遇到无数个问题,却没有标准答案可寻,或者他人给出的所谓标准答案根本不符合自己的实际情况。因此,每个人应该学会创造性地思考和行动,有能力把有价值的想法变成现实,从而创造出属于自己的幸福人生。这是年轻一代在不确定的、纷繁复杂的未来社会环境中应学会的生存的法则和必备技能。

青年作家刘同曾在《一个人就一个人》的序言里说过:"人生路上,我们会遇见很多人,其中一些会邀请你进入他们的连续剧,给你一个不错的角色,有台词,有特写……可慢慢地,你就会发现:也许这个故事里还有别的主角,你顶多是三四号人物……(你需要)活出自己的连续剧。即便一开始拿到的剧本是配角,也会演绎出更多的可能性。"所以,投入全部精力,努力演好自己的人生剧本,哪怕剧情跌宕起伏、迷雾重重。然而,如何才能演好自己的人生剧本呢?有一个很好的机会可以帮助你提前演练,它就是"创新创业基础"课程。

"创新创业基础"这门课程的建设,遵循了"创造性行动"的思维方式。该课程经历了 2015 年"创业基础"课程的最初试点,2016—2018 年 3 年的普及期,于 2019 年荣获山东省基础理论类一流金课建设立项。目前,以实践导向的"创新创业基础(行动版)"课程框架已基本搭建完成,形成了以"实践引领、思政贯穿、成长可视"为特色的课程体系。

1. 课程内容体系

本书基于广义的创新创业范畴和创业效果推理逻辑,将学习内容设计为 8 章。

第一～二章,让学习者明确课程学习对个人未来生活的价值,从思维层面探讨连续成功的创业者成功背后的逻辑及决策原则,激发学习兴趣,提升学习的驱动力。第三～七章,让学习者模拟创业者从团队组建、问题探索、创意产生到落地执行的全过程,深度体验创业效果推理逻辑下创业思维的本质。第八章,让学习者在实践中体验如何传播有价值的创意想法并获得更多人的关注和支持。

本书注重行知合一,通过引导案例、课前活动、课堂讨论、拓展阅读以及行动与实践,反思行为表象背后所蕴含的原理及依据,为提升学习者对创新创业相关理论知识点的认知建构奠定基础;通过思维和成果视觉化的记录,展现学习者的成长路径、敢闯的勇气、自信心的建立以及新的创新创业观;通过难忘的课程时光以及学习复盘报告,打造课程学习记忆的巅峰时刻,让学习者产生心流,使学习者看见成长过程中的点滴进步。

同时,附录中还提供了各类创新工具以及学习复盘模版。创新工具的使用一方面可以更好地协助学习者完成实践任务;另一方面,可促使学习者把思维转换和创新视为常态,为其勇敢跳出舒适圈、树立创新意识以及提升创新能力奠定基础。

2. 课程特色

(1)学习活动自主性强。学习者可以高度自主地完成从0到1的创新、创造性活动,包括但不限于:课外学习时间与地点的选择,模拟团队成员的选择、团队组建及团队管理,研究项目的选择,学习成果的设计以及实践环节的组织与协调等。该课程既能满足个性化学习的需求,同时也达成了育人目标。

(2)学习成果原创性强。学习该课程使得学习的全过程以及结果能够被详细、完整地记录下来。无论是学习随笔、开放性的讨论、课堂活动或行动与实践的反思,还是对个性化认知的建构、创意方案的设计与输出成果物等,都是基于个体或团队的独特视角且创意新颖,更是每个学习者独一无二的宝贵财富。

(3)学习过程实践性强。该课程突出强调行动导向,将有价值的创意想法"做"出来而非仅停留在思考阶段。注重对实践结果的质疑、反思与认知迭代,让理论知识真正实现从实践中来到行动中去。每一次创新和突破都是对学习者自信、勇敢、坚定、果断的肯定。

(4)学习任务挑战性强。在时间紧、任务重且资源有限的情况下,在学习该课程的过程中,无论是完成创意想法落地的实践,还是从传统思维到创造性思维的转换,学习行为从被动到主动的转变,都是对学习者心理、体力和脑力的巨大挑战。

3. 课程学习目标

学习"创新创业基础(行动版)"课程,应在态度、能力和知识等方面实现以下目标。

(1)态度目标。树立正确的人生观、价值观、世界观、创造观,将个人人生追求与民族复兴的伟大中国梦结合起来,努力成为具有社会责任感、创业精神和实践能力的时代新人。具体包括以创业者的视角看待人生、看待大学生活,树立乐观、积极的和大胆拥抱意外的人生态度,能正确地进行自我认知,有意愿与他人和谐相处,坚守利他、为人类谋福祉的价值观,富有创造意识和首创精神,持之以恒的坚定信念等。

(2)能力目标。能够与他人组建团队共创,运用10种以上的创新工具完成从0到1的创意项目实践体验,提升在不确定情景下的问题探索能力、需求及资源挖掘能力、人脉拓展能力,以及与他人共创能力、风险控制能力、意外转化能力、价值创造能力等。

(3)知识目标。能够用专业术语清晰表述与创新创业相关的基础知识和基本理论,包括但不限于创新、创业的内涵及本质,创业效果理论与创业思维,创业团队的协作,洞察用户需求,创意与创造性思维,原型制作与测试,商业模式要素及框架,有效传播的逻辑与呈现等。

4. 课程如何学

(1)明确课程对个人的价值。所有的学习都应该为打造未来美好生活奠定基础,没有生活价值的学习不具有长久的动力和意义。该课程赋予学习者创新和创业的理念和哲学思想,并与每个人息息相关。掌握创新创业的思维和方法论,一方面可以让创业者少走很多弯路;另一方面,可以帮助就业者共情创业者的感受,协助创业者完成创业的梦想,同时实现自己的人生价值。此外,每个人都是自己人生的 CEO(首席执行官),运用创新创业的思维和方法论可以帮助每个人创造出自己想要的幸福生活。

(2)勇敢跳出自己的舒适圈。人生有无数种可能。每一个决定都会带来不同的结果。像创业者那样,从自身拥有的资源开始行动,从稳定中寻求改变,在不确定性中创造机会。给自己一块试验田,尝试去做从未做过的事;与各式各样的,甚至是你不喜欢的人共事;尝试以不同的行为方式完成每天重复的事情……努力尝试跳出自己的舒适圈,如井底之蛙跃上井台,就可以看到更广阔的天空。

(3)积极参与团队活动和学习。群体动力学理论认为,一个人的行为改变是个人内在需要与环境外力相互作用的结果。自己一个人改变思维和行为习惯可能是一件很难的事,但是与他人一起行动则更容易达成目标。积极参与团队活动和学习,让改变变得更加有趣、轻松和简单。

(4)主动质疑、反思与积极践行。衡量学习是否真的发生,关键在于能否对过去的行为及产生的后果进行质疑和反思。没有质疑,明天就是今天的简单延续;没有反思,深度的加工活动就会停滞,就不会产生新的认知。此外,长期不用的知识会逐渐被大脑遗忘,唯有在生活中应用才能发挥其应有的价值。仅停留在思考层面并不足以让人的行为发生改变,唯有即刻行动才是成长的发动机。

二、写给老师的话

1. 编写《创新创业基础(行动版)》的初衷

目前已经出版的《创新创业基础》《创业基础》等类似的教程有很多,大部分以知识传授为主线,辅以课后拓展阅读和部分课外实践。然而,"创新创业基础"课程是一门实践性和理论性、科学性和艺术性都很强的课程,是学生进入下一步专创融合课程学习的基础。因此,该课程应以学生敢闯、会创的能力发展为中心,突出创新实践和学习成果导向,将课堂教学功能定位于引导、支持和协助学生完成课外实践探索;从课程内容、学习形式、成果物呈现,以及学习的组织形式都要回归"立德树人"的教育本质,将思政要素贯穿课程全过程,润物细无声。

实践类课程的设计与教学应遵循学习科学(如何学习)、教学科学(如何帮助学习)和评估科学(如何确定学会了),坚持把知识传授、价值塑造和能力培养有机统一起来。因此,我们萌生了为学习者提供一套行动导向类课程的学习指南的想法。经过几年的积累和构思,编写了这本教材。

2. 教材的使用建议

本书不仅仅是一本教材,还是一本学习者的成长日记。老师在进行教学设计时,可以将部分内容放在课前或课后;课堂上则更应突出体验活动的分享、启发以及对学生实践的指导和反馈。老师要求学生在学习过程中随时将所见、所思、所想记录下来,以加强对学生的思维训练。最后,学生的这些学习记录可以上传到云平台,既可作为教师对其学习过程评价的支撑材料,也能作为教学资料。本书还提供与教材配套的课件、教学方案以及其他辅助资料,供授课老师参考。

本教材由李冬梅任主编,康振华、张丽华任副主编,参编人员有李燕妮、殷程程、王崇梅、郭晶、岳明、张琳。书中部分插图由我校数字媒体专业学生王兴祥绘制,还有部分图片来自近5年参与课程学习的学生的学习成果。

本书的编写参阅了大量的参考资料,书后列出了主要的参考文献。此书作为2021年全国高校就业创业特色教材立项课题的研究成果,得到了全国高等学校学生信息咨询与就业指导中心的资助。此外,还得到了山东工商学院创新创业学院领导的大力支持。在此对上述单位和个人表示衷心的感谢!

由于编写时间仓促,还有很多不足,肯请广大读者批评指正。

李冬梅

2022年12月

目 录

第一章 创新创业与人生 1

　学习导读 1
　引导案例:互联网上扬起梦想之帆 2
　课前活动:寻找有缘人 4
　知识加油站1-1:创新与人生的意义 6
　课堂讨论:一种行为在何时属于创业? 8
　知识加油站1-2:创业与人生设计 10
　拓展阅读 11
　行动与实践 14
　认知与成长 15

第二章 创业逻辑与创业思维 19

　学习导读 19
　引导案例:创业思维践行者的探索之路 20
　课前活动:你看到了什么? 24
　知识加油站2-1:思维定势与创造性思维 25
　课堂活动:拼图与创意拍照 27
　知识加油站2-2:初识创业思维 29
　课堂讨论:个人成就故事 30
　知识加油站2-3:创业逻辑与创业思维本质 31
　拓展阅读 34
　行动与实践 36
　认知与成长 39

第三章　创业团队生成 ································· 41

> 学习导读 ································· 41
> 引导案例:"西少爷"创业团队的纷争 ················ 42
> 课前活动:你需要具备创业者的特质吗? ··············· 45
> 知识加油站 3-1:创业团队的特征与生成过程 ············· 46
> 课堂讨论:先裁掉谁? ··························· 48
> 知识加油站 3-2:创业团队协作的障碍与应对 ············· 49
> 拓展阅读 ································· 51
> 行动与实践 ································ 54
> 认知与成长 ································ 60

第四章　人本视角的问题探索 ······················· 62

> 学习导读 ································· 62
> 引导案例:中国农村特殊群体的内心成长和情感发展之痛 ······ 63
> 课前活动:架桥行动 ··························· 67
> 知识加油站 4-1:人本视角下问题探索的价值 ············· 68
> 课堂活动:我最喜欢的 App 调查 ···················· 70
> 知识加油站 4-2:问题的探寻途径及工具 ················ 71
> 课堂讨论:寻找有价值的问题 ······················ 74
> 知识加油站 4-3:问题筛选、洞察与定义 ················ 75
> 拓展阅读 ································· 78
> 行动与实践 ································ 80
> 认知与成长 ································ 81

第五章　创意方案的产生 ·························· 84

> 学习导读 ································· 84
> 引导案例:歌路营的公益产品创新之路 ················· 85
> 课前活动:9 点连线 ··························· 87
> 知识加油站 5-1:创造性思维与创意 ·················· 89
> 课堂活动:创意设计大比拼 ······················· 90
> 知识加油站 5-2:创造性的思维方式 ·················· 91

课堂活动:超市购物车改造 …………………………………… 94
　　知识加油站5-3:创意产生的技法 …………………………… 95
　　拓展阅读 ………………………………………………………… 99
　　行动与实践 …………………………………………………… 102
　　认知与成长 …………………………………………………… 103

第六章　原型设计与测试 …………………………………………… 105

　　学习导读 ……………………………………………………… 105
　　引导案例:歌路营公益产品的测试与迭代 ………………… 106
　　课前活动:纸飞机的创意原型设计 ………………………… 108
　　知识加油站6-1:创意方案的原型设计 …………………… 110
　　课堂讨论:微信功能快速迭代之谜 ………………………… 111
　　知识加油站6-2:创意方案的原型测试 …………………… 113
　　拓展阅读 ……………………………………………………… 115
　　行动与实践 …………………………………………………… 119
　　认知与成长 …………………………………………………… 121

第七章　价值创造的商业逻辑 ……………………………………… 124

　　学习导读 ……………………………………………………… 124
　　引导案例:东方甄选崛起背后的商业逻辑 ………………… 125
　　课前活动:公司生存之道大探秘 …………………………… 127
　　知识加油站7-1:价值创造的核心逻辑——商业模式 …… 128
　　课堂讨论:完美日记的价值传递 …………………………… 130
　　知识加油站7-2:商业模式创新工具——商业模式画布 … 131
　　拓展阅读 ……………………………………………………… 135
　　行动与实践 …………………………………………………… 140
　　认知与成长 …………………………………………………… 141

第八章　商业路演 …………………………………………………… 144

　　学习导读 ……………………………………………………… 144
　　引导案例:两个商业路演场景的对比 ……………………… 145
　　课前活动:我最难忘的一次说服经历 ……………………… 147

  知识加油站 8-1：商业路演的设计思路与准备 …………………… 148

  课堂讨论：黄金 30 秒分享 ………………………………………… 151

  知识加油站 8-2：商业路演的技巧 ………………………………… 152

  行动与实践 ……………………………………………………………… 154

  认知与成长 ……………………………………………………………… 158

附录：实践工具箱 ………………………………………………………… 160

  附录 A 能力测评类工具 ………………………………………… 161

  附录 B 创新实践类工具 ………………………………………… 163

  附录 C 学习记录类工具 ………………………………………… 172

  附录 D 学习复盘工具 …………………………………………… 179

参考文献 ……………………………………………………………………… 184

第一章 创新创业与人生

【观点】 人人都可以创新,人人都可以成为创业者

创业,既是一种人类职业生涯方向的选择,也是一种在不确定性时代背景下关乎每个人生存和发展的人生态度以及生活方式。不是人人都有机会成为令人敬仰的科学家或企业家,但是人人都可以通过学习培育创新精神、提升创造能力,人人都是可以成为自己未来幸福生活的创新者和创造者。面对21世纪纷繁复杂的生存环境,树立新的价值观、世界观、人生观、创造观和行动力,就会收获新颖、独特、有趣、快乐、幸福的未来。

学习导读

生活中有许许多多的创业者,但什么样的人才能称之为"创业者"?你认知中的创新和创业的内涵是什么?为什么要学习创新创业课?这对你在大学的学习和生活,人生观、世界观和价值观乃至未来的人生职业规划会带来哪些影响?可能你从未认真思考过这些问题,对未来的人生也没有清晰的规划。但从此刻开始,请你认真聆听自己内心的声音,以一种"未来智慧"的新视角重新看待这个复杂多变的世界,获取具有生活价值的认知,学习才会变得更加有意义。

本章学习内容

主要包括:深入理解创新创业的内涵和本质,了解创新创业与人生发展的关系以及创业在新时代背景下的意义和价值,树立科学的创新创业观。通过本章的学习,学习者重点完成对创新创业从狭义到广义内涵及本质的认知升级,明确课程对个人未来成长价值的创造;深入理解创新创业的内涵和本质;了解创新创业与人生发展的关系以及创业在新时代背景下的意义和价值,树立科学的创新创业观;提升后续学习体验的参与意愿,并将学习成果或心得与他人进行分享交流。

本章学习目标

态度目标

以创业者的视角看待人生、看待大学生活。

能力目标

（1）能够与不熟悉的人或陌生人初次建立联系，运用访谈、对话、演讲等方式进行沟通和交流；

（2）能够使用访谈工具与创业者进行访谈并做好记录；

（3）能够利用多种渠道搜集资料，并将其加工、整理、归纳，形成多视角的观点。

知识目标

（1）能够清晰描述对创新创业内涵和本质的新认知；

（2）能够清晰阐述自己对创新创业教育必要性的理解。

引导案例

互联网上扬起梦想之帆

互联网行业流淌着创业的火热激情，但真正能付诸行动的人并不多。一个人在准备创业的那一刻，往往就意味着放弃目前取得的所有成就，甚至放弃一切从头再来！敢于创业的人，必定是勇于挑战执着于梦想的人。猎豹移动公司的 CEO 傅盛就是这样一位为了实现梦想敢于从头再来的创业家！

傅盛 1999 年毕业于山东工商学院信息管理与信息系统专业。在校期间他创办了电脑技术协会，之后该协会发展成省级优秀社团。初入职场，他就为自己定下了"5 年成为 CEO"的目标。初出茅庐的傅盛拥有许多青年人都有的创业梦想，但他的创业之路却一波三折。然而无论创业道路如何曲折，他都在执着地追寻着自己最初的梦想。

1. 360 安全卫士的"意外"成功

2005 年，傅盛加入奇虎公司，负责当时不被公司重视的 360 安全卫士项目。项目开发前期面临着两大难题：其一，项目不被看好；其二，360 开发团队只有 4 人，势单力薄。面对窘境，傅盛并没有退缩，反而被激起骨子里的那股不服输的精神。他为自己定下目标，废寝忘食全身心投入，几乎每天加班到半夜才回家。遇上合适的人才，他会立即坐飞机去找对方面谈，甚至自掏腰包借钱给素未谋面的技术员以解决其生活问题。他的热情和激情赢得了对方的敬佩，有不少技术员选择远离家乡去北京加入他的 360 开发团队。

随着该项目的不断发展，360 安全卫士的总安装量从 2006 年底的 20 万到 2008 年的突破 1 亿，成为日后 360 公司上市的重要根基。2008 年 6 月，傅盛选择了离开。这一经历为其日后创业积累了千金难买的经验。

2. 20 万元再创业

2008 年，傅盛离开奇虎公司加盟经纬创投并担任副总裁。然而，傅盛仍牵挂着自己的创业梦想，不久就辞职创业。他选择创业时正是金融危机最严重的时候，大多数风投公司都不会轻易投资给一个没有任何背景的公司。2009年9月9日，在没有任何投资支持的情况下，傅盛毅然和好搭档徐鸣用两人几年工作积攒下来的20万元组建了可牛公司，由傅盛出任公司董事长兼CEO。

面对创业资金不足的情况，精打细算成为常态。傅盛以3000元的月租在北京郊区租了一套房子，作为可牛公司办公场地。新公司9名员工每人月薪仅1000元，他和徐鸣甚至不领任何工资。为了让员工在公司安心工作，他还特意请来了保姆每天为各位员工做饭。正是基于这种创业激情和成熟可行、具有行业创新性的创业方案，最终赢得了创业投资公司的关注。在可牛公司成立一月之后，就获得经纬创投的3000万投资。他的这股劲头同样获得了天使投资人雷军的赞赏。经过一个半月的疯狂开发，可牛公司最终推出了可牛影像，一个可以一键美化图片的图片处理工具。2010年5月，可牛公司为用户带来口碑非常好的并且是完全免费的可牛杀毒软件，重新进军互联网安全领域。

3. 自我革命重新起航

在离开奇虎之后，傅盛获得了第三次创业的机会。在深思熟虑后，他最终选择内部创业，带领金山安全走向一个新台阶。2010年11月10日，金山安全和可牛公司合并成立独立运营的子公司金山网络，傅盛担任CEO。与此同时，傅盛正式宣布"金山毒霸永久免费"！这意味着金山网络放弃了每年高达2亿元的收入。为了研发出新的盈利模式，他带领团队走自我革命之路，为这家老牌软件公司植入互联网基因。他将金山网络的开发团队分成若干个小团队，每个小团队负责一个小项目，以"快"为秘诀，为金山网络带来了一个接一个的新产品。金山毒霸、金山卫士等核心产品几乎每周发布一个新版本，经过大半年的努力，核心产品的用户激增，接近1亿。

2011年，傅盛在"第七届CEO年会"中荣膺由《IT时代周刊》、IT商业新闻网评选的"2011IT新锐人物奖"。

2012年，在《环球企业家》杂志举办的环球创新盛典中，被授予"2012年度创新领袖"奖项。

2016年1月，入围2015中国十大经济年度人物奖；3月16日当选"世界经济论坛——全球青年领袖论坛"所评选的2016年"全球青年领袖"。

2018年3月，任猎豹移动董事长兼首席执行官；10月他参演的电影《燃点》上映。

(资料来源：山东工商学院官方网站。)

启示

这是一个VUCA时代(VUCA即volatility、uncertainty、complexity、ambiguity四个单词的首字母缩写，乌卡时代)，互联网5G、物联网、云计算、大数据等新技术、新概念层出不穷；信息时代的发展势不可挡，我们无法预知明天会发生什么。有一类特殊人群,他们有梦想、有勇气,在高度不确定的环境中积极创造商机,提出创造性解决方案;同时整合身边的资源持续为社会、为他人、为自己创造价值,他们就是创业者。尽管创业的过程艰辛、煎熬,失败比比皆是,但他们面对不确定性泰然处之,从不灰心、懈怠或轻易言败!

"未来已来,将至已至,唯变不变!"想要不被时代抛弃,只有一个办法,就是让自己永远奔跑。只有主动拥抱这种不确定性,敢于不断地突破自我,提升自己在不确定环境下的生存和发展能力,才能应对来自未来的挑战。

因此,同学们应学习创业者思考问题的方式、积极乐观的人生态度以及快速行动的实践法则,从创业者视角看待大学生活,看待未来的职业规划、未来待开创的事业以及未来自己想要的人生。

1. 从上述案例和启示中找出3个引起你关注的词语或句子?说明为什么会引起你的关注?这让你联想到了什么?

2. 你认为在VUCA时代应该做些什么来提升自己的生存和发展能力?

3. 请尝试用除文字以外的其他方式表达你的想法。

课前活动·寻找有缘人

学习目标

(1) 记录课程开始时的认知状态;
(2) 对课程预期以及个人未来进行展望;
(3) 体验课程学习的行动导向、学习方式。

活动实践

工具包

A4纸,水彩笔。

时间计划及步骤(10～15分钟)

本活动在教室内完成,每位学生领取一张A4纸,选择一支水彩笔,按照要求在格子内进行填写。注意每次填写完一个格子后需要跟周围的同学互换一下水彩笔,保证每个格子的书写颜色不重复。

步骤一:折纸(1分钟)。

将A4纸以长边为横向折三折,再以短边为纵向折三折,形成大小均等的九宫格。

步骤二:设计自我头像(1～2分钟)。

在九宫格最中心的格子里给自己设计一个头像并用水彩笔画出来,标明姓名和班级。

步骤三:个人画像(5～6分钟)。

1. 在第一行的每个格子中依次写下:为什么要上大学?为什么选择现在的专业?第一次看到本课程名称有何感受?

2. 在第二行的每个格子中依次写下:进入大学后的感受是怎样的?遇到的困惑是什么?你理想中的大学是什么样子?

3. 在第三行的每个格子中依次写下:对课程的期待、对未来人生的期待以及大学期间最想做的一件事。

步骤四:寻找志同道合的小伙伴(3～6分钟)。

快速离开座位找到从未交谈过的同学,寻找相同位置格子里的内容相似的同学并请该同学在相同格子里签名,一旦有同学完成连线签名(对角线/横排/竖排都可),活动即可结束。

分享

(1)请最先完成的同学向全班同学说出自己成功的经验。

(2)请所有同学将个人画像拍照并分享。

(3)以上做法是否是一种创新?为什么?

活动感悟(记录下你内心深处的真实想法)

我听到了:_____

_____

_____

_____

我看到了：_____

_____

_____

_____

我的感受及启发：_____

_____

_____

_____

知识加油站

1-1 创新与人生的意义

1. 创新的内涵

（1）创新的含义。

创新一词在《辞海》中的解释如下："创"是首创、创始的意思；"新"是初次出现；"创新"意为"首创前所未有的事物"。起源于拉丁语的创新（innovation）有三层含义：第一，更新。就是对原有的东西进行优化、替换，但并没有做到创造或改变；第二，创造新的东西。就是创造出原来没有的东西，是质的改变；第三，改变。就是对原有的东西进行发展和改造，颠覆原有的模式或研发新的商品。

由此可见，创新最早是人类为了满足自身的需要，不断拓展对客观世界及其自身的认知与行为的过程和结果的活动。随着人类探索的不断发展，给创新赋予了新的内涵和外延。它可以是一种活动，也可以是一种思想、一种观念、一种思维、一项发明……

（2）创新理论的发展。

创新理论之父约瑟夫·熊比特在《经济发展理论》一书中把创新内涵归结为"建立一种新的生产函数"，即把一种从未有过的、关于生产要素和生产条件的"新组合"引入生产。这种组合包括：生产新的产品、新的生产方法、开拓新的市场、开辟和利用原材料、新的供应来源以及创建新的组织等。

创新有四大类型①:变革创新、市场创新、产品创新和运营创新。人们对创新最朴实的认知是产品创新,所以才有了以产品设计创新闻名的 IDEO 公司,才有了 TRIZ 理论(即"发明问题解决理论")。而变革创新对社会和国家会产生巨大影响,甚至是划时代的标志,比如蒸汽机的发明将手工作坊式生产转变为机械化的大规模生产,即第一次工业革命开创的"蒸汽时代"(1760—1840)标志着农耕文明向工业文明过渡。第二次工业革命使人们进入了"电气时代"(1840—1950)、第三次工业革命使人们进入"信息时代"(1950 至今)。第四次工业革命正在发生,物联网将机器与机器、人与机器、计算机互联网与人之间相互连接,使智能工厂、智能设备、智能交通、智能生活等成为日常。

现代管理学大师彼得·德鲁克在《动荡时代的管理》一书中提出了创新理论。他认为:"创新是有系统地抛弃昨天,有系统地寻求创新机会,在市场的薄弱之处寻找机会,在新知识的萌芽期寻找机会,在市场的需求和短缺中寻找机会。创新是赋予资源以新的创造财富能力的行为。任何使用现有资源的财富创造潜力发生改变的行为,都可以称之为创新。"所以,创新是一个经济术语,强调将新事物、新思想付诸实践的过程。

由此可见,关于创新的内涵,不同时期、不同视角、不同的研究学者有不同的界定。创新是一个动态发展的概念,随着时代的进步被赋予新的涵义。从经济学视角看,创新的发生离不开三个要素:用户需求、技术可行和商业永续。三者缺一不可。

2. 创新与创造、发明的关系

在日常生活中,人们常常难以厘清创造、发明、创新之间的区别和联系。创新与创造、发明到底有何关系呢? 一般而言,创造是发明的基础,发明、创造是创新的一部分,它们产生的创意或发明是创新的起点,但更关键的是,创新还包括创意、发明的商业化。创造一般是个体行为,发明是个体或团队行为,创新则是所在的组织行为或过程。它们之间的关系如图 1-1 所示。②

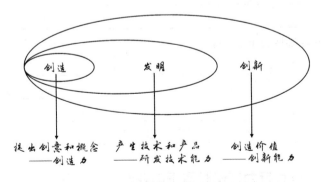

图 1-1 创造、发明、创新三者之间的关系

---

① 鲁百年.创新设计思维[M].2 版.北京:清华大学出版社,2018:9-11.
② 祝海波.创新创业基础教程[M].南京:江苏凤凰美术出版社,2019:8-9.

3. 创新的人生意义

创新无处不在，每一个人、每一个家庭、每一个企业和每一个国家都需要不断地创新，这是生存的需要，也是生活的需要，更是生命存在的意义。没有创新就不会有人类历史的进步。

一个人不论年龄、身份和教育背景如何，只要有创新意识，即使自身不具备一定专业知识、专门技能，也可以在他人的帮助下进行创新。如农民工赵正义只有初中文化程度，但他苦心钻研15年，发明了高效、节能、环保的新型塔基，并获得国家科学技术进步二等奖；在深圳福田区青少年科技节上，2名小学生在家人的帮助下发明的可放倒成"躺椅"的课桌，受到评委专家的好评；深圳平乐骨伤科医院护理部副主任张会凡发现上门核酸采样工作人员的工作有诸多不便，设计了核酸采样专用"背心"，并申请了专利……这些都是普通人不受年龄、身份和教育背景等限制做出创新的真实案例。

创新具有丰富的内涵和多样的形式，只要能突破陈规、有所推进，无论大小都可以称得上是创新。创新能力固然有与生俱来的"先天"因素，但后天的刻意练习和能力提升更为关键。每个人只要能经过系统学习和不断实践都可以掌握创新的理论和方法，在未来的学习、生活和工作中都有能力开启创新生活的每一天。用创新意识、创新思维照亮人生前行的道路，用创新的行动力和创造力打造自己喜爱的人生，建设富强、民主、文明、和谐的社会主义现代化强国。

学习随笔

1. 你曾经有过哪些方面的创新？感受如何？

_____
_____
_____

2. 你曾想过做哪些方面的创新？

_____
_____
_____
_____

课堂讨论　一种行为在何时属于创业？

学习目标

（1）根据具体场景辨识哪种行为属于创业；

(2)了解创业的广义内涵,理解创业的本质。

阅读材料

在当今这个科技引领的时代,媒体高度关注那些成功的创业者以及他们创立的企业,如京东、百度、华为等,创业似乎已经成为技术创新的代名词。然而技术创新是创业的重要组成部分,但却不是创业所必需的。请同学们判断以下情景是否可称为创业?

(1)在一个所有村民都是文盲的村子里,某人行动起来,告诉村民教育的益处并努力说服家长送子女去读书。

(2)为改善村民都是文盲的现状,某人开始在村子广场的树下无偿向当地的孩子教授知识。

(3)受村里几个富人委托,某人开始为有能力支付学费的村民子女提供私塾教育。

(4)村里的公办学校不能容纳所有想入学的孩子,某人看到商机,开办了一所私立学校。

(5)在农村教育处于低迷状态时,某人无偿开发了一个技术平台,任何受过教育的人都可以在这个平台上学习世界各地的课程。

(6)为实现在线教学和学习,某人创建了一个新的支付机制,村民可以通过这个支付机制购买在线课程学习相应课程。

(资料来源:潘卡基·马斯卡拉,陈耿宣著.为创业而生:写给创业者的创业书(干货版)[M].北京:中国人民大学出版社,2017:4-5.)

阅读上述材料,以小组方式讨论以下问题:

(1)上述6种情境哪种属于创业行为?为什么?

(2)一种行为在什么条件下可以被认定为创业?

(3)创业的本质是什么?

学习随笔

知识加油站

1-2 创业与人生设计

1. 创业的内涵

《辞海》对"创业"的解释是"创立基业"。在《新华词典》里,"创业"被定义为"开创事业"。英文中,"创业"有两种表述:star-up 和 entrepreneurship。

(1)狭义的创业。

狭义的创业(star-up)是指创办新的企业,创业者成为企业的老板。这个过程包含了与创办企业相关的要素:识别用户需求、创造新事物、运用新技术、创建新的组织、整合资源、获取高额利润等,即通过发现和捕捉创新机遇,创造出新颖的产品或服务,通过创建成立企业实现经济或社会价值的运作过程。

(2)广义的创业。

广义的创业(entrepreneurship)是指开创新的事业,即以成就事业为目的的创造性实践活动。广义的创业可能既没有行为方面的创新,也没有创办新的组织形式,更没有从任何渠道获取收入。无论从狭义还是从广义的角度看,这些行为都在试图创造价值,也承担了一定的风险,行为发出者并不确定他的行为是否能带来一定的收入,但更强调创业行为中的开拓性和创造性。

哈佛大学霍华德·史蒂文森教授认为,"创业是不拘于当前资源条件的限制下对机会的追寻,组合不同的资源以利用和开发机会并创造价值的过程"。[1] 深圳子谦国际创业教育学院的朱燕空博士认为,"创业就是把有价值的想法变成现实"[2](本课程中的创业以及后续的研讨都是基于广义创业的范畴)。

按照创业的动机划分,创业可以分为生存型创业和机会型创业;按照新企业建立的渠道不同分类,可分为自主型创业和企业内创业;按照对市场和个人的影响程度不同,可分为复制型创业、模仿型创业、安定型创业和冒险型创业。[3]

2. 创业的本质

人类社会的发展和进步都离不开创业者以及创业活动的推动。创业是一种创新性活动,开创并经营一种事业;同时,创业也是一个有激情、有智慧、有志向的人所渴望的生活方式与人生态度。

从本质上看,创业是基于创新活动的价值创造实践。创新是创业的基础和前提,无论是创办一个新的企业,还是开创个人的事业,都离不开思维、技术、资源、市场等方

---

[1] 张玉利,陈寒松,薛红志,等.创业管理[M].4版.基础版.北京:机械工业出版社,2016:8-9.
[2] 朱燕空.创业学什么:人生方向设计、思维与方法论[M].北京:国家行政学院出版社,2016:5.
[3] 杜鹏举,罗芳.大学生创新创业基础[M].北京:中国铁道出版社,2018:284-300.

面的创新。创业就是开拓创新,是创新活动的成果和收获。没有创新,创业就是无源之水、无本之木、缺乏生机和活力;同时创新的成效也只有通过创业实践进行检验。

3. 创业与人生设计

当下,我们生活在一个快速变化、发展的世界里,颠覆正常人日常生活的事件随时都在发生。尽管突发的疫情、自然灾害、气候变化以及科学技术的更新迭代带来的新问题让身处其中的人们深感焦虑甚至恐惧,但每个人心底对未来生活充满的期待和美好憧憬并没有改变。对于刚踏入大学校门的很多人而言,似乎从未认真思考过自己将来要做什么或者希望成为什么样的人。不断确认自己想做什么、能做什么、喜欢做什么、擅长做什么以及重新定位人生的意义是新时代年轻人成长的必经之路。

创新的产品、技术和服务带来了创造未来幸福生活的无数种可能。"保持好奇、不断尝试、重新定义问题、专注和深度合作";"专注初心,找到最适合自己的选项,做出决定并且把事情做成;重新定义问题,找到尽可能多的选项,选择一个快速尝试,直到成功。"[①]

创业不仅仅是一种职业选择,更是一种人生态度和生活方式。如果把人生看作是创业的过程,每一个人都是自己人生方向的设计师和创业者,为了实现幸福生活和美好憧憬,学习创业者的思考和行动方法论,设计并开创与众不同、自己喜爱的人生!

学习随笔

1. 写下三个令你印象最深的关键词,尝试描述你对广义创业的认识。

_____

_____

_____

_____

2. 你是否认同创业与自己的人生设计有关?对你有何启示?

_____

_____

_____

_____

_____

拓展阅读

1. 教育应该让"做自己不会做的事"变成孩子的生活方式

芝加哥大学对学生的基本要求是:做你不会做的事。认真研究芝加哥大学的人才

[①] 博内特,伊万斯.人生设计课:如何设计充实且快乐的人生[M].周芳芳,译.中信出版社,2022:12-19.

选拔和培养体系,就会发现这不仅仅是一句口号或要求,实际上蕴涵了先进的教育理念、极高的人才培养标准和深湛的哲学思维,是其核心价值观的体现。

(1)教育应教会孩子不要安于现状。

学生应具备一颗野心勃勃的"企图心",不满足于一般性工作,而是胸怀远大的理想抱负,渴望实现创造性成果,立志成为影响世界,甚至是改变世界的人。从不安于现状,对权威和现实充满怀疑精神,思维处于高度活跃状态,善于从已有的事物中去发现新的创新点,从而成为引领某一领域的领导者而非追随者。例如,爱因斯坦若被牢牢局限在牛顿的经典力学里,就不会有20世纪伟大的物理学革命。因为他们所面对的,都是茫茫无际的人类未知领域;他们所做的,或者说他们想做的,都是他们以前不会做,也许除了他们,世界上没有任何人会做的事情,而且在做的时候自己也不知道是否可能成功。

(2)让"做自己不会做的事"变成孩子的生活方式。

让"做自己不会做的事"变成孩子的生活方式,这需要学生具备挑战自我的勇气和能力。这里为大家讲述一个关于芝加哥大学经济学权威阿尔钦先生上课的故事。

在上第一堂课时,阿尔钦先生向同学们提出了一个问题:"假若你在一个有很多石头的海滩上,没有任何称重的工具,而你要知道某一块石头的重量,怎么办?"

整整一堂课50分钟,学生们围绕这一问题,绞尽脑汁地提出各种解决问题的方案,但每一种都不能令人满意。到了第二堂课,学生们以为老师会告诉他们答案,讲授经济学原理,但阿尔钦先生走上讲台后,提出的仍然是这个问题。第三堂课照旧。就这样,一个看上去简单到近乎幼稚的关于"石头"的问题被讨论了很久。学生们对此大为不解,但越是这样,他们越不相信大名鼎鼎的阿尔钦先生会以这样的方式来上课,其中必定大有玄机。

直到第五个星期,学生们再也提不出任何新的方案了。阿尔钦先生没有任何讲义,完全围绕第一堂课提出的问题,但讲授的全部是经济学中最基本的原理。这种穷尽一切可能性答案的研究方法,正是要求并教会学生要不断挑战自己的思维极限。这种近乎强迫式的追问,促使每一个学生在上课学习的过程中,大脑始终处于高速运转状态,不敢有丝毫懈怠。

(3)好的教育不会把分数当作能力。

学生应具备处理复杂资讯、解决未知世界难题的能力。事实上,所有创造的第一步,都在于把没有联系的因素(经验/观察到的现象)重新组合,将无序变为有序,将无形变为有形。分数的高低只体现出反应速度的快慢,并不一定代表学生的智商高低。

(资料来源:http://www.sohu.com/a/372843070_372509,作者:秦春华,有删改。)

思考

(1)你认同"让做自己不会做的事变成一种生活方式"这种理念吗?为什么?

(2)你认为做自己不会做的事的最大的阻力来自哪里?
(3)你愿意从哪些方面尝试做自己不会做的事?举例说明。
最想对自己说的话:_____

_____
_____
_____

2. 视频学习:《当我们海阔天空》

网络搜索视频《当我们海阔天空》并以宿舍为单位观看视频,记录下你印象深刻的画面或者某句话,并说明为什么对此印象深刻,这让你联想到了什么。请将你的感受与他人分享。

_____
_____
_____
_____

3. 跳出"舒适圈",迎接 21 世纪的挑战

面对日新月异的社会与经济变革,全球许多国际组织、国家和地区都在思考如何培养人才,以使其能够更好地适应 21 世纪的工作与生活。世界教育创新峰会(WISE)与北京师范大学中国教育创新研究院共同发布了《面向未来:21 世纪核心素养教育的全球经验》,该报告从全球范围内选取了有代表性的 5 个国际组织和 24 个国家或地区(或称经济体)的 21 世纪核心素养框架,将 29 个素养框架中的相关内容进行了拆分,再将涵义相近、层级相当的项目合并,共归纳为 19 个素养条目,如表 1-1 所示。

表 1-1　21 世纪核心素养

维度	素养
基础领域素养	语言素养,数学素养,科技素养,人文与社会素养,艺术素养,运动与健康素养,新兴领域素养,信息素养,环境素养,财商素养
通用素养	高阶认知:批判性思维,创造性与问题解决,学会学习与终身学习 个人成长:自我认知与自我调整,人生规划与幸福生活 社会性发展:沟通与合作,领导力,跨文化与国际理解,公民责任与社会参与

每个人都生活在一个无形的、环境相对稳定的舒适圈里,一旦踏出这个圈子,面对不熟悉的环境迎接变化和挑战时,就会感到焦虑。

思考

(1)请同学们结合近 3 年国内外政治、经济发展形势,思考未来个人可能面对哪些挑战?让你感到焦虑的因素有哪些?

(2)你认为表 1-1 中哪些素养最重要?为什么?

(3)要跳出自己的"舒适圈",你认为自己欠缺哪些方面的学习和实践?现在要做哪些改变才能应对来自未来的挑战?

最想对自己说的话:_____

行动与实践

1-1 访谈身边的创业者

请利用课余时间,参观走访学校大学生创业中心或商业街的店铺,对身边师兄、师姐、亲朋好友中的创业者、商业街的店铺老板等人员进行访谈。具体访谈要求如下:

(1)对 2 个以上的对象进行访谈,总时长 30 分钟左右;

(2)提前准备访谈提纲,问题可以来自本章的主要知识点,也可以是关于创业、创业活动的内容,或者是你想了解的与创业活动有关的话题;

(3)访谈时做好记录,如果对方允许,最好录音/录像;

(4)访谈结束后,整理资料、剪辑视频。视频编辑时注意保护被访谈者的隐私。

实践反思

1. 你从被访者身上学到了什么?哪些是你无法在教室的课堂上学到的?

2. 请把访谈过程中令你印象最深的场景、事件、任务、表情等以关键词的形式记录下来。

___

1-2 我国高校开展创新创业教育的现实意义演讲

假如你是一名高校校长,准备在大会上给全体学生演讲。请准备一份500字左右的发言稿,主要内容如下:

(1) 从国家发展层面出发,说明开展创新创业教育的时代背景及必要性;
(2) 讲述学习创新创业课程对个人未来成长的意义;
(3) 应采用何种方式进行学习?如何才能提高学习效率?

要求:通过网络或期刊搜集国家开展创新创业教育的背景资料,结合自己在本章的学习内容撰写一篇发言稿;在宿舍举办一个小型演讲会。

实践反思

1. 国家为什么要在高校开设创新创业课程?

___

2. 你在同学的演讲中听到了什么?哪些令你印象最深刻?为什么?

___

认知与成长

1. 如何能成为自己想要的样子?

电影《流浪地球》中有句发人深省的台词:"最初没有人在意这场灾难,这不过是一场山火、一次旱灾、一个物种的灭绝、一座城市的消失,直到这场灾难和每个人息息相关。千万别等真正的末日来临之后,我们才意识到曾经我们明明有机会拯救自己。"当今世界处于百年未有之大变局,在变幻莫测的时代背景下我们应该思考:你想成为怎样的自己?此刻的你是怎样的?你希望拥有怎样的人生?请用自己喜欢的方式记录和呈现吧!这些问题思考得越早,想得越明白,你的行动就会越坚定。请尝试用彩笔绘制一幅路线图。

未来的我

现在的我

人生就是一场未知的旅行

2. 我的"第一次"备忘录

让"做自己不会做的事"成为一种生活方式。请认真回顾并详细列出在行动和学习过程中经历的"第一次"以及突破自我后的感受。例如:第一次主动向陌生的同学分享自己的想法,第一次……这是你成长的点滴记录。每个"第一次"都是你的创新和自我突破,也是面对未知"敢闯"的自信来源。

我的"第一次"

(1) _____
_____
_____

(2) _____

_____

(3) _____

_____

_____

(4) _____

_____

_____

(5) _____

_____

_____

3. 我的认知重构

请根据知识加油站的资料内容，通过图书查阅、期刊阅读、网络搜索等途径对下列知识点进行梳理，结合实践体验总结形成自己的认知。

(1)"创新创业内涵和本质"之我见。

_____

_____

_____

(2)我的创新创业观。

_____

_____

_____

▶ 本章小结

狭义的创业是指基于某种形式或某些领域的创新而创办新的公司或企业。从更宽泛的范畴来看，广义的创业是指主体创造性地思考和行动，能够把机会变成现实的价值创造过程。其核心是创新、创造,即把有价值的想法变成现实,重在过程。

人人需要学习创新创业。学习创新创业者面对高度不确定环境的人生态度和创新创业思维方法;学习创新创业者开拓创新、自信、勇敢、坚持不懈、敢于冒险的意志品质。

人人都可以成为创新创业者。虽然不是每一个人都可以成为发明家获取专利、创办新的企业,但是创新创业者的精神、思维和行动逻辑是可以后天习得的,最有效的方法是在实践中快速行动,在行动中反思,在反思中领悟,在领悟中认知。

像创业者那样思考和行动,"以始为终"站在未来看现在,规划并创造你喜欢的人生!

第二章 创业逻辑与创业思维

【观点】从现在开始,像创业者那样思考和行动

我们常常习惯于依靠过去已有的经验、知识和认知来预测、判断未来的问题,进而决定采取下一步的行动方案。用预测性思维方式做事有时可以帮助人们快速、高效地解决问题。但面对未来的不确定性和复杂性环境时,它却成了创新性解决问题的障碍。研究发现,成功的连续创业者面对高度不确定性时思考和行动具有共性的特征:在可以承受的损失范围内,从拥有的资源开始行动,充分利用偶然的机会,建立广泛的合作伙伴关系并创造商机。在已有的预测性思维基础上,向创业者学习在不确定环境下的新思维和行为方式并努力践行,是 21 世纪人类的必备生存技能之一。

学习导读

思维是人类决策和行为的起点,是造成人与人之间存在差异和隔阂的最重要的主观因素。不同的情境需要不同的思维。各行各业的创业者们常常从无到有、从 0 到 1 进行价值创造,对科技进步、市场变化等做出快速判断和决策,在逆境中发现新的机会……创业者的思维和行动方式与一般人有何不同?他们是如何思考和行动的?其思维背后的深层次逻辑是什么?如何才能像创业者那样思考和行动?创业思维和行动方式适用于任何生活场景,虚心向创业者学习,深刻理解并践行它,将会为我们打开一扇思维的天窗,有助于我们从容应对未来各种不确定性的场景,为将来的学习、工作和生活带来意想不到的变化,甚至一生受益无穷。

本章学习内容

主要包括:认知思维的过程和思维模式的形成过程;深刻理解创业思维与管理(预测性)思维的内涵与应用情景;了解创业思维的理论来源、逻辑框架和五大基本原则。通过本章的学习,学习者可以在对思维进行深层次的认知的基础上,明确创业思维的基础理论前提;掌握创业效果推理理论框架下的五大基本原则,为面对不确定性的学习、生活和工作实践情景进行决策时提供原则和方法。本章学习重点是理解不同情境

下进行决策时两种思维是如何相互依存及转化的;掌握创业思维框架及原则并在生活中尝试应用,即遵循创业思维的核心逻辑"通过行动来创造机会"。

本章学习目标

态度目标

从自身拥有的资源出发,以行动为导向,在行动中试错、学习和创造,大胆拥抱意外,控制自己能控制的,建立与他人共创、资源整合理念。

能力目标

(1)能够根据自己以往的生活体验分析思维的形成过程和模式,并使用精确的词语进行个性化观点的表述和可视化表达;

(2)能够用类比、对比的方法对事物进行分解和分析,并进一步将具体事物抽象化为理论概念,体会从实践到理论,从具体到抽象的思考方法,清晰描述管理思维和创业思维在不同视角下的区别及其根本不同;

(3)能够理解并可以准确描述创业效果推理理论的内涵;

(4)能够准确表述创业思维五大原则的含义,并能举例说明其在现实生活中的应用;

(5)能够运用创业思维五大原则开展创业实践活动,提升资源挖掘、拓展和转化、风险控制、意外转化、机会创造等能力。

知识目标

(1)能够清晰表述对思维模式、思维定势、创业效果推理理论的新认知;

(2)能够通过实例说明对创业思维五大原则内涵的理解及应用的意义。

引导案例

创业思维践行者的探索之路

万姝君,山东驴得水农业生态科技服务有限公司总经理。她致力于成为黑毛驴现代化养殖技术引领者,通过科学化的养殖模式提高附加值,带动农户"养好驴,把驴养好"。2018年万姝君成为山东工商学院公共管理学院(公益慈善学院)的一名新生。本来,她和大多数同学一样,期望度过一个和其他人一样的四年大学生活;能够在毕业时找到一份满意的工作或者考上心仪的学校读研究生,且创业这个念头从未在脑海中出现过。

1. 创业想法萌生

2019年底根据相关要求,万姝君和同学们开始以上网课的形式进行学习。为丰富学生生活,学院发布了一条关于"SYB 培训班"①的通知。万姝君觉得创业是一件离自己很遥远的事情,对于是否报名参加这个学习班有些迟疑。在她的认知中,创业是那些有头脑、有能力的人才能做的事,但转念一想又觉得这个培训班出现的意义就是为了培养学生的创业思维,有了正确的认知也并不一定就要去创业。所以抱着试试看的心态,她报名参加了培训。

通过十几天的课程学习以及最终创业计划书的成功撰写,让她内心萌发了创业的想法。于是她联系了同样在家上网课的几个小伙伴,说起自己想创业的想法。但是小伙伴们不敢尝试,她鼓励道:"我们先尝试投资小、回报高的项目。"在她坚持不断的说服下,大家终于同意先观望再尝试。

在家是无法了解市场需求的,于是,她和伙伴们去了当地客流量最大的宝龙城市广场进行调研。但调研结果却令她们备受打击。以前商业街上曾有 11 家奶茶店,现今有 6 家奶茶店相继关门歇业,3 家奶茶店准备转租门店,剩下的 2 家之所以能继续开下去的原因有二:一是开店时间长,有了一定的根基,能吸引回头客;二是价格便宜,能够吸引新的客户光顾。她们通过市场调研发现奶茶店项目更新迭代的速度非常快。很显然,此时开奶茶店不是明智之举。

2. 第二次创业想法的萌生

第二学期,学校开设了一门管理学课程。老师在课上分享了许多大品牌的创业故事和诸多有创新性的商业模式。老师也鼓励学生尝试实践,并划分了创业小组,要求大家一起撰写创业计划书。她们小组根据本地的人文环境和旅游文化,推出了"共享民宿"的创业方案。在最后的评选阶段,虽然同学们对创业方案的支持率很高,但老师认为因为她们缺乏媲美美团、小猪短租的平台,也没有优质的市场资源,项目的可操作性不大。于是,共享民宿的创业计划止步于纸质的创业计划书。

3. 第三次创业想法的萌生

经历过前两次创业计划的失败,万姝君的创业热情已经没有那么高涨了。当她正准备按部就班地继续学业时,学院下发了关于全国第六届互联网+大赛的通知。这又再次点燃了她的希望,她认为这可能是另一个机会,但苦恼的是不知道该做什么。

这时她的舍友找到她想一起组队参赛。舍友觉得之前共享民宿的创业想法特别好,相信她有能力带领团队做出更切实可行的创业项目。于是万姝君重拾信心,开始组建团队。大家一起开启头脑风暴、发掘可参赛的创业项目,经过多次讨论、冥思苦想依然毫无头绪……正当她们一筹莫展时,万姝君听到了舍友那边传来毛驴的叫声。她

---

① SYB:即"STAR YOUR BUSSINESS",意为"创办你的企业"。它是"创办和改善你的企业"(SIYB)系列培训教程的一个重要组成部分,为有意愿开办自己中小企业的朋友量身定制的培训项目。

忽然想起自己曾在2019年参加了公共管理学院组织的聊城市东阿县暑期"三下乡"社会调研项目,内容就是调研黑毛驴产业现状与困境。于是她想到可不可以尝试养毛驴呢?当她把做养驴销售的这个想法分享给团队成员时,得到团队成员的一致认可和支持。她们随即开始了新一轮的创业行动。

4.艰难的毛驴养殖创业实践探索

她们这个团队在暑期开展了社会调研,但开始得并不顺利且处处碰壁。她们想去养驴合作社做实地调研总是被拒绝。她们跨越了整个聊城市,吃了五六家合作社的闭门羹,最终好不容易找到一家愿意接纳调研成员、为她们提供近距离与黑毛驴接触的合作社,但调研得到的信息并不多,只了解到当地纯种的黑毛驴存栏量已经不多。并且经过详细了解,原因既与农业机械化的推进、降低役用驴的使用量有关,也与毛驴受精率低、妊娠期长的繁殖特性有关。这次的社会调研,由于准备不充分,对黑毛驴产业的了解不够多而匆匆结束。

通过这次社会实践调研,她们发现大部分散养户对于黑毛驴的养殖还处在传统的养殖模式,即使是当地最大的散养户也仅仅养殖了13头黑毛驴。传统落后的养殖方式导致了农户经济效益低下。在确定了毛驴养殖的创业项目大方向后,万姝君和她的团队决定以改变当地的养殖现状为目标。回到学校后,一些团队成员因种种原因退出团队,然而万姝君依然没有放弃,她决定重新组建团队去聊城做第二次市场调研。

万姝君把想法告诉了家在聊城的舍友,舍友欣然同意并加入其中。随后她又找到了两位对金融方面比较擅长的研究生师兄以及对这个项目十分感兴趣的其他4位朋友。一个8人的新团队就此组成。在学习之余,8人各司其职,从不同的角度研究和分析黑毛驴市场。图书馆查阅资料、不定期的团队讨论让她们对黑毛驴市场有了更深入的了解。

团队第二次实地调研时间是在2020年的3月份。调研第一站是以饲养百余头黑毛驴为主的东阿县蛟龙养驴专业合作社。合作社负责人表示:"目前养驴产业发展前景十分向好,再加上政策的扶持,将考虑进一步扩大养殖规模。"调研的第二站是两处规模较小的毛驴养殖场,养殖场内主要养殖的品种是黑毛驴和少量纯种乌头驴。黑毛驴的主要饲料是由小麦秸秆和麦麸磨成的碎末,每天保持饲料充足,在驴舍一旁设有水槽,以供黑毛驴饮用水源充足。调研的第三站是东阿县龙泰养驴专业合作社,其规模是东阿县最大的个体养殖户,占地33.6亩,有400余头黑毛驴。该合作社主要饲养三粉驴和正宗乌头驴,并通过科学技术来进行繁殖和饲养。经过对这几个养驴合作社的调研,她们总结出目前黑毛驴市场三大痛点:一是当地散养户的传统养殖缺乏科学指导;二是优良品种稀缺,当前杂交品种品质差、易生病;三是疾病防治技术落后,养殖风险大。

第二章 创业逻辑与创业思维

万姝君和她新组建的团队与东阿县龙泰养驴专业合作社达成正式技术服务和市场推广合作。2021年5月31日,万姝君注册了公司,主要业务为山东聊城的黑毛驴散养养殖户提供科学的养殖方案。公司采用"公司＋合作社＋散养养殖户"模式,将幼驴提供给散养户养殖,并建立收购与分红机制,以此带动农户增收致富。不到一年的时间,公司就与九家单位签订了合作意向书。

2022年,公司中的大部分合伙人面临毕业。万姝君决定毕业后继续深入到内蒙古、新疆,去看看毛驴最多的省份是如何养驴、如何创造价值的;其他合伙人中有的考研到农业大学,继续深化项目的专业性;有的去聊城,继续扩大公司影响……

(案例来源:由万姝君及其团队提供。)

启示

驴得水创业项目实践只是当代大学生接受创新创业教育、树立创新创业意识并积极行动、创造价值的一个缩影。创业者万姝君对创业实践具有一种强烈的、积极的情感,这是她开始创造性行动的强大动力。她对自我有清晰的认知,能够从自身拥有的资源出发,在可承受的风险范围内快速开始行动;广泛吸引志同道合的小伙伴加入创业项目,并且能够根据实践结果不断整合资源、调整方向,积极拥抱变化,在失败中越挫越勇。虽然不是人人都可以注册创办一家新的企业,但是通过学习和创业实践的历练,人人都可以像创业者那样创造性地思考和行动。

1. 从上述案例和启示中找出3个引起你关注的词语或句子?

2. 这些词语或句子为什么会引起你的关注?这让你联想到了什么?

3. 万姝君的创业实践之路与你以往所想的有何不同?她的创业动机是如何来的,给了你哪些启示?对于未来你打算如何开始行动?

4.请尝试换一种新的表达方式记录你的想法。

课前活动 你看到了什么?

学习目标

(1)通过活动体验个体认知的差异,探寻个体认知形成的基础;

(2)理解思维活动的一般过程及认知偏差的产生原因;

(3)明确思维定势的优劣势及对未来决策的影响。

活动实践

工具包

便利贴,水彩笔。

时间计划及步骤(5~6分钟)

根据图片,思考并分析下列问题。

(1)你看到了什么?让你联想到什么?有什么让你印象深刻?你的感受是怎样的?

(2)为什么面对同一客观事实,不同主体会有不同看法?为什么?

(3)什么是思维定势?常见的思维定势有哪些?

活动感悟(记录下你内心深处的真实想法)

我听到了:_____

_____

_____

_____

我看到了:_____

_____

_____

_____

我的感受及启发：_____
_____
_____
_____

知识加油站

2-1 思维定势与创造性思维

1. 思维

思维（thinking）是人类特有的精神活动，是从社会实践中产生的。人们从不同方向对思维进行了研究，包括哲学、心理学、自然科学、技术科学等方向。心理学认为，所谓思维是一种理性意识，是人脑对客观事物的间接或概括的反映。间接反映是通过媒介物、利用已有的知识和经验间接地理解和把握事物；概括的反映是从个性到共性的认识过程，即把同一类的事物的共同和本质特征抽取出来加以概括，从而得出事物更深层次的结论。思维是整个脑的功能，特别是大脑皮层的功能，大脑前额叶负责编制行为的程序，调节和控制人们的行为和心理过程，同时，还要将行为的结果与最初的目的进行对照，以保证活动的完成。

按照信息论的观点，思维是大脑对新输入信息与脑内储存知识经验进行一系列复杂的"心智加工"的过程（图2-1）。造成思维差异的原因有很多，如不同个体的感官感知差异，基于不同文化环境及个人经历形成的民族阶层主体的立场，在以往的教育和经历中形成的惯常思考方式等，都使得人们看待问题的角度、观点相对固化。并且人的大脑对信息进行选择和加工时会呈现一些特点，如喜欢简单化概括、易出现记忆偏差等（比如著名的曼德拉效应），这些都会造成认知出现偏狭、错误。

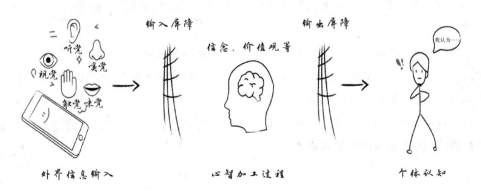

图2-1 思维的一般过程

2. 思维定势

思维，从文字上可以从两个方面来理解，即"思"和"维"。"思"就是"想"或者"思考"；"维"就是"序"或者"方向"。所以，思维通常是沿着一定的顺序或者方向去思考。思维顺序或方向的不同会产生不同的思维结果，因而对同一问题的处理方式和结果也会有所不同（图2-2）。

图2-2 思维定势的形成

每个人的思维都会形成潜意识层面的相对固定的模式，可以从看待事物、做决策等行为中体现出来，且个人往往很难察觉到。思维模式就是思考处理现象和问题的根本方法，是人们对信息加工进行程序编码的内在程序，表现为一种思维、行为的惯性。它的形成与个人的特质、经历、环境、文化、学习等因素有关，容易形成思维定势。思维定势是指人们遇到类似或者表面相同的问题时，不由自主地沿着以往思考的方向或顺序去思考，长此以往而形成的一种固定的思维模式。用常用的思维方式去处理问题，不主动探寻新思路、新方法，这样的思维定势阻碍了创新，不利于事物的发展。

3. 创造性思维

创造性思维是人类以感知、记忆、思考、联想、理解等为基础，以探索性、求新性和综合性为特征的高级的、复杂的、综合地认识新领域与认识新成果的心理活动。创造性思维的结果是综合性、探索性和求新性的，它往往表现为新技术、新观念、新方案、新决策和新理论等。

"创"，即突破原有的思维框架；"造"，即将原有的要素进行拆分并进行重新组合，如图2-3所示。创造性思维在思考问题的视角上能摆脱传统思维定式所带来的消极影响，能让人们学会善于运用变化的视角看待同一问题，更好地变通与转化，重新解释信息。这样会使人们看待问题、解决问题的方法和手段具有独特性，并根据不同对象和条件，灵活运用各种思维方式。

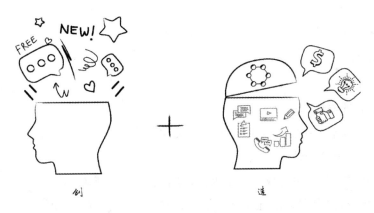

图 2-3 创造性思维的内涵

综上所述,思维模式的形成是客观存在,与个人的生活环境、学习和工作经历有关,没有好坏之分。过去的经验、已有的知识可以使人们稳定、快速地应对生活中的问题。但是刻板狭隘的思维模式会导致人们看问题不够客观、理性、全面,越是科学合理的思维模式越有利于人们做出正确的决策和行动。所以培养创造性思维是大学生极其重要的人生修养。固有的思维模式和脑中已有的观念就是我们的认知边界,只有打破思维定势的束缚、勇于突破自我的认知边界,方能获得思维上的成长。

学习随笔

反思:你有哪些思维定势?这些思维定势让你有哪些好的或者不好的体验?

_____
_____
_____
_____
_____

课堂活动 拼图与创意拍照

学习目标

(1)体验创业思维和管理思维的形成过程;
(2)明确创业思维和管理思维方式的不同;
(3)探究两种思维方式的适用场景。

活动实践

工具包

A4纸,水彩笔。

时间计划及步骤(8~10分钟)

本活动在教室内完成。以小组为单位,按照以下步骤完成活动并反思。

步骤一:画图(3分钟)。

5或6名学生自由组合成一个小组;每组学生到老师处领取一张A4纸,按照右图画像将其画到纸上。要求A4横向使用,图案画满整个纸张,纸张四周尽量不留空白。

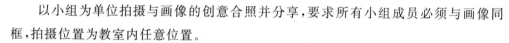

步骤二:拼图(3~4分钟)。

以小组为单位拍摄与画像的创意合照并分享,要求所有小组成员必须与画像同框,拍摄位置为教室内任意位置。

步骤三:创意拍照设计(2~3分钟)。

将手绘画像纸依次以长、短边为轴连续对折4次,沿折痕将手绘画像全部撕成碎片;打乱碎片顺序后按照原图快速拼接,速度最快者胜出。

回顾并反思下列问题。

(1)回顾刚才的活动,执行步骤一~三时,哪些环节目标明确、资源齐备、计划更清晰?哪些环节需要自己寻找并整合资源?哪些环节的结果可预测性不强或更具有创造性?

(2)在执行步骤一、三和步骤二时,你是如何思考的?有何不同?

(3)上述实践活动的思考过程有何区别?哪种思考方式更好?

(4)上述实践活动的思考过程分别适用于哪些情景?

活动感悟(记录下你内心深处的真实想法)

我听到了:_____

我看到了:_____

我的感受及启发：_____
_____
_____
_____
_____

知识加油站

2-2 初识创业思维

创业思维又称创业者思维，是指先行动、后计划、从自己拥有资源出发，在行动中学习和创造的思维方法。

与创业思维相对应的传统思维方式是管理思维。管理思维又称管理者思维、预测型思维，是指先计划、后行动、准备好资源后再开始行动的一种思维方式。将这两种思维进行对比分析后发现，它们在过程、目标、资源、计划、结果等视角有很大的不同，如表2-1所示。

表 2-1 两种思维的对比分析

视角	创业思维（创造）	管理思维（预测）
过程视角	在事物创建过程中应用，解决从"0"到"1"的问题，是一个质变过程	在事物生长过程中应用，解决从"1"到 n 的问题，是一个量变过程
目标视角	在目标不确定、需要探索时应用。通过实验，可以降低目标实现的风险	在目标确定、需要执行时应用。通过计划，可以提高目标实现率
资源视角	从自己所拥有的资源开始行动	直到拥有资源时才开始行动
计划视角	采取小行动、小步快跑	制订大计划、周密的规划
结果视角	创造新事物	重复原有的事物或把原有的事情做得更好

（资料来源：朱燕空.创业学什么：人生方向设计、思维与方法论[M].北京：国家行政学院出版社，2016：48，有删改。）

管理思维是由目标驱动的预测型思维，创业思维是由资源或市场驱动的创造型思维。这两种思维模式没有哪个更优越，只是具体适用的情境不同，创业思维适用于变化和未知的情境，管理思维适用于相对稳定和已知的情境。大多数人更习惯于应用管理思维：计划在前，资源准备在前，强调规避风险，先确立目标而后执行。

面对当前百年未有之大变局,同学们更需要在变化中不断调整自己,先要行动起来,从身边可利用的一切资源入手,在行动中试错、学习并确定目标。要积极承担风险,顺势利用偶然性,注重行动并与他人合作以应对不确定性,用主动开放的心态迎接并参与未来的创造,而不是一味地预测、计划、准备。行动就是最好的准备和应对,唯有实践才能出真知。现实生活中,我们需要创、管结合,灵活应变。我们要时刻提醒自己,像创业者一样去思考和行动。

课堂讨论 个人成就故事

学习目标

(1)通过分享及互相学习,激发积极向上的利他观;
(2)寻找创业思维的应用场景并体会快速行动的重要性;
(3)探寻"人人可以都可以成为创业者"的可行性。

活动实践

请回想生活中令你有成就感的具体事件,然后对其进行分析。只要同时符合以下两条标准,就可以被视为"成就":①你喜欢做这件事带来的体验感受;②你为完成后所带来的结果感到自豪。

回顾并反思:
(1)为什么这件事你可以做?在做这件事时,你获得了谁的帮助?
(2)假如你所做的事情失败了,会产生哪些不利的影响?你可以承受吗?
(3)在做这件事的过程中,你遇到了哪些困难和挫折?你是如何克服并顺利完成它的?
(4)在做这件事情时,你的思维更倾向于预测型思维还是管理思维?

活动感悟(记录下你内心深处的真实想法)

我听到了:_____

_____

_____

我看到了:_____

_____

_____

我的感受及启发：_____
_____
_____
_____

知识加油站

2-3 创业逻辑与创业思维本质

1. 创业逻辑

2001年美国弗吉尼亚大学达顿商学院创业学教授萨阿斯·萨阿斯瓦斯，用时4年，采用访谈和实验的形式研究了美国27位创业专家，总结出他们取得成功的重要因素：利用现有的资源而非目标开始行动；设定可以承受的损失而非预期收益；设法利用意外而不是回避意外；建立广泛的合作伙伴关系并创造商机。[①] 创业效果逻辑理论由此诞生。

这与以往的创业因果逻辑理论正好相反。因果逻辑也称为预测逻辑，它强调必须依靠精准的预测和清晰的目标；效果逻辑也称为非预测性逻辑，依靠利益相关者并且以行动为导向。效果逻辑的做法是：首先从"我是谁、我知道什么、我认识谁"起步，尽可能利用很少的资源开始做当前可以做的事情；然后与大量潜在利益相关者进行交互并谈判实际的投入，根据实际投入重塑创业的具体目标；重复上述过程，直到利益相关人和资源投入链条都被纳入到一个可行的新创企业。创业效果逻辑如图2-4所示。

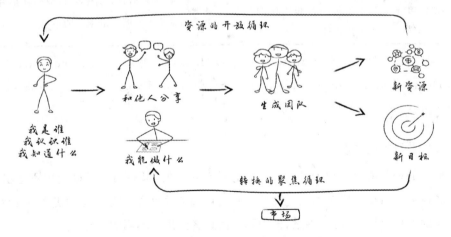

图2-4 创业效果逻辑

[①] 瑞德,萨阿斯瓦斯,德鲁,等.卓有成效的创业[M].新华都商学院,译.北京：北京师范大学出版社,2015:114-267.

创业活动的因果逻辑与效果逻辑是两种不同的创业逻辑。其主要区别如表2-2所示。

表2-2 创业活动的因果逻辑与效果逻辑

视角	因果逻辑	效果逻辑
对未来的认识	预测：把未来看作是过去的延伸，可以有效地进行预测	创造：未来是人们主动行动的某种偶然结果，预测是不重要的，人们要做的是如何去创造未来
行为的原因	应该：以利益最大化为标准；通过分析决定应该做什么	能够：做你能够做的，而不是根据预测的结果去做你应该做的
采取行动的出发点	目标：从总目标开始，总目标决定了子目标，子目标决定了采取哪些行动	手段：从现有的手段开始，设想能够利用这些手段采取什么行动，实现什么目标；这些子目标最终结合起来构成总目标
行动路径选择	既定承诺：根据对既定目标的承诺来选择行动的路径	偶然性：选择现在的路径是为了使以后出现更多更好的途径，因此路径可能随时变换
对风险的态度	预期的回报：更关心预期回报的大小，寻求能使利益最大化的机会，而不是降低风险	可承受的损失：在可承受的范围内采取行动，不冒险去做超出自己承受能力的事
对其他公司的态度	竞争：强调竞争关系，根据需要对顾客和供应商承担有限的责任	伙伴：强调合作，与顾客、供应商甚至潜在的竞争者共同创造未来的市场

（资料来源：Read，S，Sarasvathy，S. D. Knowing What to Do and Doing What You Know：Effectuation as a Form of Entrepreneurial Expertise [J]. Journal of Private Equity，2005，9(1)：45-62.）

2. 创业思维的本质

成功的创业者以行动为导向。他们有一个明确的共同点：在不确定中创造机会。创业者在创业活动中应对不确定性的一整套创造性的思维方式，即创业思维。针对创业思维的本质，没有标准的答案，国内不同的学者给出了不同的观点。

南开大学的张玉利教授指出："所谓创业思维，是指如何利用不确定性的环境，创造商机的思考方式。效果逻辑和精益创业衍生出来的创业思维是一种行动导向的方法,体现了实用主义的哲学思想,对创业者具有重要的指导作用。"①

朱燕空博士认为:"创业思维就是面对不确定性,快速行动,在行动中试错和学习,通过快速迭代来实现目标的一种思维方式。"②每个人都可以向创业者学习并建立这套全新的思维方式,基于行动导向,对不确定性加以利用并发现新机会,最终将不确定性转化成自身的优势。

美国达顿商学院的萨阿斯瓦斯教授提炼出了基于创业效果逻辑的创业思维五项原则:"手中鸟"原则、可承受损失原则,柠檬水原则、"疯狂被子"原则和飞行员原则。③

(1)"手中鸟"原则。

该原则即"一鸟在手胜过两鸟在林"。创业并非源于对机会的识别和发现,或者预先设定目标,而是从自身拥有的资源出发,利用手头资源快速行动。可以利用的资源有三种:①我是谁(身份):特质、价值观、个人偏好、兴趣、爱好、梦想等;②我认识谁(社会人际关系网络):同学、校友、家人、生活中偶遇的陌生人;③我知道什么(已有的知识、经历、经验):擅长的专业知识和教育背景、经验及专长、非正式学习等。

创业行动应该以资源作为驱动而非目标;强调利用现有的资源来创造新的事物,而非在既定目标下寻找新的资源。

(2)可承受损失原则。

传统思维下决定投资行为的关键因素是预期收益;其次,想办法尽量降低投入风险,同时获取最大收益。效果推理理论则认为:创业者必须先明确自己可以承受的损失边界以及愿意承受多大的损失,然后再决定投入相应的时间、资金、精力等资源。这是因为任何投入的预期收益都有很大的不确定性,但投资失败可能造成的最大损失是确定的。

创业行动应综合考虑各种成本,包括时间、精力、情感、资金、声誉等方面的投入,只付出自己能够承受并且愿意承担的损失,即根据可承受损失而非预期收益采取行动。

(3)"疯狂被子"原则。

该原则是指积极寻找愿意为创业项目投入实际资源的利益相关者(现有或潜在的客户、潜在的投资人、渠道商、供应商、未来的合作伙伴等),通过合作获取相应的资源并快速行动。就像用碎布缝制一床漂亮且有意义的被子一样,与任何想合作的人不断交流、谈判、协商,就共同创造新事物达成共识,让他们愿意为创业做出实际的承诺和

---

① 张玉利,陈寒松,薛红志,等.创业管理[M].5版.北京:机械工业出版社,2020:29.
② 朱燕空.创业学什么:人生方向设计、思维与方法论[M].北京:国家行政学院出版社,2016:41.
③ 瑞德,萨阿斯瓦斯,德鲁,等.卓有成效的创业[M].新华都商学院,译.北京:北京师范大学出版社,2015:114-267.

行动。

　　创业者应把所有利益相关者视为资源而非竞争对手,建立广泛合作的伙伴关系,共同创造新事物。这也是分散风险、验证自己的想法、获得更多的资源以及让创业行动充满乐趣的有效方式。

　　(4)柠檬水原则。

　　西方有句谚语:"如果生活给了你柠檬,就把它榨成柠檬汁吧。"创业过程充满了各种不确定性,各种意想不到的好的、坏的事情都会发生。连续创业成功的人都会以积极的心态对待失败,并巧妙利用各种意外和偶然事件创造的新商机,而非将其当作威胁进行规避。

　　创业行动应当以积极的心态大胆拥抱创业过程中的各种不确定性,将行动中的意外转化为新机会并充分利用。

　　(5)飞行员原则。

　　飞行员原则是创业效果逻辑背后的一种哲学观,是创业思维五大原则中的统领性原则。历史是人类选择的结果,可以说历史是被人类塑造出来的。同样,未来的世界也可以通过行动或选择被人类共同创造。如果把通向未来世界的道路视为一架飞机,这架飞机上没有坐等未来的乘客,每个人都能成为副驾驶员,与驾驶员用一种塑造未来的心态共同前往未知的目的地。

　　在创业行动中创业者应坚持飞行员原则,关注你能控制的部分而非预测和等待。从不确定的外部环境中找到能够控制的确定性因素,专心做好目前能做的事并且逐渐扩大可控制的范围。

学习随笔

拓展阅读

1. 视频学习

　　网络搜索并观看电视剧《创业时代》(黄轩主演)第1—5集。

(1)记录下令你印象深刻的故事、画面或者某句话;结合所学创业思维理论分析郭鑫年的所作所为是否符合创业思维。这让你联想到了什么?请将你的感受与他人分享。

_____
_____
_____
_____

(2)请写下最想对自己说的话。

_____
_____
_____
_____

2. 事实与观点辨析

网络搜索视频《俞敏洪:人与人之间最大的差距是认知上的差距》并学习。

你是否认同俞敏洪的观点?这对你有何启发?

事实:_____
_____
_____
_____

他人的观点:_____
_____
_____

我的认知:_____
_____
_____
_____

原因:_____

3. 阅读《卓有成效的创业》一书第二部分"创业的基本要素：行动中的效果推理"

学习心得

行动与实践

2-1 规划你的行动方案

1. 认真思考，发挥创造性思维并写下你的非常规个人简历。回顾你的人生（作为学生，在中小学就读、在大学就读、第一份兼职工作、关于私人生活、个人爱好和活动，……），你曾获得或拥有哪些资源？请填写个人资源清单（表2-3）。

表2-3 个人资源清单

你认识谁	清单1	你知道什么	清单2	你是谁	清单3
QQ好友、微信好友、手机联系人		擅长的专业知识和教育背景		特质、价值观、个人偏好等	
同学、校友		实践中学到的知识、经验		激情-能力	
家人		生活中获得的知识、经验		爱好	
生活中出现的陌生人		非正式学习、兴趣、爱好		兴趣	

2. 假如你现在毕业了，要自谋出路，思考可以开始行动的方案并详细记录。注意，应时刻牢记"你是谁、你知道什么、你认识谁"这三个问题，它可以告诉你该做什么、不该做什么。规划方案时不要盲目等待最佳创意或回报丰厚的机遇，从一个简单的问题或者有趣、值得尝试的事情出发，思考解决实际问题的方法。从拥有的资源而不是目标出发，可以帮助你快速起步！

行动方案

我一直想做却没有做的事（欲望）
我拥有的资源（手段、工具） 　　我是谁？我知道什么？我认识谁？
我能够承受并愿意承担的损失 　　为了实现想法，我愿意放弃哪些（时间、头衔、金钱、其他机会）？
利益相关者 　　我马上可以和谁分享？他们能带来什么？（新资源、新想法）
行动计划 　　1. 　　2.

2-2 创业思维应用练习

设想生活、学习中的各种情境,如备考英语四、六级,参加"挑战杯"中国大学生创业计划竞赛、全国科技创新大赛等,寻找一起读书的伙伴,考研,自学感兴趣的课程等,记录下自己习惯采用哪种思维方式,并与小组或者周围的同学探讨一下大家惯常的做法,是比较接近于管理思维还是创业思维,为什么?请按照创业思维挑战一下自我,看看在哪些具体的做法上可以有所突破或创新。

实践反思

1.在各种场景下你习惯使用哪种思维方式?其他人有什么不同的做法?给你带来了哪些启发?

_____
_____
_____
_____

2.应用创业思维的行动是怎样的?请将实践中你印象最深的场景、事件、感悟、主要收获等以关键词的形式记录下来。

_____
_____
_____
_____

2-3 创业思维 ING

创业思维的应用场景随处可见。请结合本章所学知识,从现有的资源出发,从可以做的事入手,独立或与他人一同完成想做却还没有做并且非常有意义的一件事。要求用视频记录活动全过程。

实践反思

_____
_____
_____
_____

认知与成长

1. 我的"第一次"备忘录

有了"第一次"突破后是不是既忐忑又兴奋？接着请回顾整理记录下更多的"第一次"吧！让"敢闯"的信心越来越强。

我的"第一次"

(1) _____

_____

_____

(2) _____

_____

_____

(3) _____

_____

_____

(4) _____

_____

_____

(5) _____

_____

_____

2. 我的认知重构

请根据知识加油站的资料内容，通过图书查阅、期刊阅读、网络搜索等途径对下列知识点进行梳理，并结合实践体验概括总结形成自己的认知。

(1)"思维模式、思维定势、创业效果逻辑理论"之我见。

_____

(2)我的"创业思维五大原则"观。

▶ 本章小结

管理思维是在未来发展相对稳定的基础上所形成的一种思维方式。但当今世界变化速度之快是前所未有的,人们只拥有管理思维远远不足以应对这些变化,还要在面对不确定性和复杂未知问题时快速将其转换成更具有创造性的创业思维。创业思维并不比管理思维更好,只是适用的情境不同。在创业过程中这两种思维同等重要,应根据情境的变化灵活切换。连续成功的创业者用实践证明:未来是在实践中被"创造"出来的。

行动是架在现实和理想中间的桥梁。请同学们在实际学习和生活中应用创业思维,挖掘自身资源,在可承受损失以及个人能力范围内开展行动,关注产生的效果而非目标;视所有人为合作伙伴并广泛吸纳,积极拥抱变化并利用偶然性创造机会,创造自己喜爱的人生!

第三章 创业团队生成

【观点】没有完美的个人,只有完美的团队

团队创业成功的概率远远高于个人创业成功的概率,因为没有人会拥有创业过程中所需要的全部知识、技能、经验和资源。创业行动的效果一方面取决于团队成员独特的能力、知识储备和人脉资源,另一方面还取决于成员在团队中扮演的角色以及相互之间的协同效应。创业者应从可控的范围内开始行动,感召他人或被他人感召加入具有共同愿景、共同使命的团队,获得承诺或承诺他人开启共创之旅,这将会是一次别开生面、惊喜连连、痛并快乐着的人生体验。

学习导读

中国有句俗语:"一个篱笆三个桩,一个好汉三个帮",表达的意思是个人的能力是有限的,但如果有大家的帮助就能办得更好。因此,一群人创业好过一个人单打独斗。创业者与他人建立广泛的合作关系,并说服他人、获得他人承诺和支持进行共创,创业团队就生成了。一群人就是创业团队吗?创业团队与一般的群体有何不同?创业团队生成的过程是怎样的?成员在团队中扮演的角色以及成员之间的关系是怎样的?创业过程中成员之间会遇到哪些障碍?团队成员之间如何保持有效的沟通和协调?明确这些问题背后的哲理,对个人未来人生事业的开创具有积极的借鉴意义。

本章学习内容

主要内容:了解创业团队的概念和内涵;了解创业团队生成的步骤,掌握说服他人、获得承诺并与之共创的方法;创业画布工具的使用;团队成员沟通协作的障碍及解决手段。通过本章的学习,学习者可以清晰地进行自我认知,树立新的团队观,视他人为机会而非手段,与之建立共赢共创伙伴关系而非做竞争分析、零和博弈。本章学习的重点是理解创业团队的本质及特征;完成模拟创业团队的组建;理解团队成员之间如何做好有效沟通和协作,为后续的团队协作提供指引,为未来学习、工作、生活中的团队协作意识的培养和能力的提升奠定基础。

本章学习目标

态度目标

(1)正确地认知自我;

(2)树立新的团队观,视他人为机会而非手段;

(3)敢于和陌生人及其他利益相关者开展合作;

(4)正确看待与他人的冲突并采取积极态度应对。

能力目标

(1)能够清晰地进行自我认知,明确自身在创业团队中扮演的角色;

(2)能够运用案例资料准确表述创业团队的内涵与本质;

(3)能够遵循团队生成的步骤,模拟组建创业团队;有说服他人加入、获得承诺的经历;

(4)拥有与团队成员一起共创的经历,与团队成员协作,能够较好地应对团队成员间的冲突。

知识目标

(1)能够清晰地描述创业团队的特征;

(2)能够通过学习解决团队协作时遇到的障碍并运用恰当的方法处理。

引导案例

"西少爷"创业团队的纷争

"西少爷",曾是中国互联网餐饮界第一品牌。2014年4月8日,"西少爷"第一家店在北京海淀区五道口开业,随即火爆全城,占据了各大媒体头条新闻,一年内高速发展并开出多家连锁店面。"西少爷"主要售卖肉夹馍、擀面皮、小豆花、胡辣汤等具有西北特色的快餐食品。"西少爷"创业团队"完美演绎"了从合伙到散伙的四步曲:同心同德→同床异梦→同室操戈→同归于尽。

1.公司起步,矛盾初现

2012年底,毕业于西安交通大学土木工程专业、已在投资机构工作三年的宋鑫在一次校友会上认识了"西少爷"的另一位创始人孟兵,交流了想做金融领域搜索产品的创业想法,双方都很感兴趣。于是作为校友的孟兵给宋鑫引荐了做搜索的另一位校友罗高景,三人一拍即合。2013年4月,宋鑫从风投机构辞职。6月,孟兵、罗高景从百度辞职,三人共同注册了奇点兄弟计算机科技(北京)有限公司(以下称"奇点兄弟"),注册资金53.2万,孟兵、宋鑫、罗高景三人分别占股40%、30%、30%,由孟兵承担主要的产品研发工作。因技术门槛过高,产品迟迟研发不出来,公司靠接一些网站外包工作维持运营,同时寻找新的方向。危急时刻,天津一位投资人向奇点兄弟注资10万元,获得6%股权。

罗高景、孟兵认为他俩几乎每天都熬夜通宵写代码、赶方案,但宋鑫却经常熬夜看小说、打游戏。他们决定让出身风投机构的宋鑫去尝试跑业务、做商务拓展。尽管宋鑫认为自己对销售工作已经尽力,结果还是连一单都没成交。业务的持续低迷,导致孟兵和宋鑫的矛盾凸显。宋鑫认为产品本身存在问题因此才会卖不出去,而孟兵则将责任归结为销售不力,隐患就此埋下。公司也考虑寻找新的项目。

2. 公司转型成功,矛盾加剧

宋鑫是西安人,其他两个联合创始人都在西安交大上过学。所以他们选择把陕西最具代表性的小吃肉夹馍向外推广。2013年11月初,宋鑫回西安找肉夹馍师傅学艺。因资金紧张,"奇点兄弟"发起了第一次众筹,最终用前三家店40%的分红和股权凑齐50万启动资金。2014年4月"奇点兄弟"在北京五道口开了第一家名为"西少爷"的肉夹馍店。北京的五道口是一个繁华地段,人流量巨大,附近以年轻人居多,尤其是IT从业者。"西少爷"肉夹馍店就在五道口的一个广场上,抬头往上看,就能看到搜狐、网易的办公大厦。

在开业前两天一篇《我为什么要辞职去卖肉夹馍》的推文在微信朋友圈被疯狂转发,许多人慕名而来,"西少爷"肉夹馍一炮而红。团队内部分工比较明确:拥有计算机专业背景的罗高景虽不善言谈,却非常严谨,负责内部业务流程管理;宋鑫有从事投资管理方面的工作经验,负责寻找合作和融资;健谈、有亲和力的孟兵担任总经理主抓全面业务;乐于沟通、负责任的兼职袁泽陆则负责对外营销和媒体接待,公司经营渐入佳境。因爆发式的客流增长,"西少爷"扩大生产规模,再次众筹50万元。在这一过程中,孟兵与宋鑫两人产生了分歧。此时,正式的投资条款已经下达,却因为内部分歧而迟迟没有签字。于是,孟兵将袁泽陆提升为合伙人,提出以27万收购宋鑫28%的股权,仅保留其2%的股权(此时"西少爷"估值为4000万)。宋鑫不接受,他提出的新方案孟兵也没有同意。因一直没有进展,宋鑫提出回西安学习如何做豆花,孟兵给的期限是3天。但宋鑫在一周后回到北京,在微信上被告知已被公司开除,且要归还公司所有股份,开价是30万。

3. 创始人团队分崩离析

价值观的差异以及合伙人之间长期积累的矛盾最终爆发。因股权纠纷,宋鑫离开"西少爷"肉夹馍创始团队,创办"新西少"品牌,定位为以肉夹馍为中心的中式快餐。2014年9月18日宋鑫在北京开了第一家门店。11月,获得了由新东方集团董事长俞敏洪和知名投资人盛希泰共同发起的"洪泰基金"所提供的数百万元天使投资。

2018年3月2日,"西少爷"联合创始人袁泽陆退出公司董事会。3月22日,"西少爷"在北京召开国际品牌发布会,创始人CEO孟兵发布了"西少爷"全球新品牌"Bingz"以及未来国际化战略布局。

宋鑫出走时的沸沸扬扬以及袁泽陆的退出,表明"西少爷"当初的四位合伙人彼此选择了一条"相忘江湖"的殊途……孟兵在谈及与宋鑫的矛盾时曾说:"我基本上所有的时间都在工作,是一个工作狂。除了晚上睡觉,只要一睁眼肯定就是公司的事,我从来不去看电视、看小说、炒股。因为我认为把时间投入到我所做的、所选择的这件事情上回报率最高。"面对昔日队友的指责,宋鑫面对媒体也表现出自己的受伤和无奈:"没想到会把这些小事记在心上,并耿耿于怀至此。"

(资料来源:中国工商时报,中国经济网,新浪综合2018年03月31日版,有删减。)

启示

这是一个典型的肉夹馍版的《中国合伙人》,是千千万万个创业团队所共有的问题的缩影之一。对于"西少爷"创始团队发生内讧的原因,财经作家吴晓波直指核心:"最大的问题是大家对愿景没有达成共识。因为商业本身面临许多不确定性的挑战,一旦团队里的人对公司未来的愿景没有达成共识,就会产生矛盾。"人人都有做老板的梦想,但并不是人人都具备做领袖的能力。"西少爷"创业团队成员都是互联网领域中的佼佼者,所以谁都不愿退让,而一旦意见不合,只能爆发矛盾。

创业之初,创业者该如何找到志同道合的合伙人并获得承诺?如何明确各自的分工及各自在团队中扮演的角色?如何加强团队成员间的沟通及协作,及时处理团队协作中遇到的障碍?只有充分理解创业团队的内涵和本质,充分发挥团队协作1+1>2的效应,创业者的未来之路才会走得更加长远!

1. 请从上述案例和启示中找出3个引起你关注的词语或句子,并说明为什么会引起你的关注。这让你联想到了什么?

_____

_____

_____

2. 假如你是创业团队中的一员,你认为自己具备什么特质,适合担任哪种角色?

_____

_____

3. 请尝试用除文字以外的其他表达方式记录你的想法。

课前活动 你需要具备创业者的特质吗?

学习目标

(1)通过活动对创业者的特质进行辨识;

(2)理解个人未来生存和发展需要的特质;

(3)明确刻意培养自身素养和特质的意义。

活动实践

工具包

便利贴,水彩笔。

时间计划及步骤(5~6分钟)

本活动在教室内完成。老师可以邀请两位同学协助完成活动。

步骤一:观点聚焦(2分钟)。

请同学们回顾自己熟悉的创业成功者,并思考他们身上有哪些特质,包括但不限于价值观、态度、能力、素养等。每人在便利贴上写下一个关键词,请两位助教同学将大家分享的便利贴贴在教室前面的黑板上或就近的墙面上,将包含重复关键词的便利贴放置在一起;其他同学可以继续补充,一直到没有新的关键词出现。

步骤二:观点辨识(1分钟)。

请同学们思考:假如未来你不打算创办企业,将你认为可以不具备的特质从黑板上或墙面上拿掉,并说明理由。

步骤三:聚焦结论(2~3分钟)。

将所有的理由展开讨论,所有人都可以发表意见,直至达成共识。

活动感悟(记录下你内心深处的真实想法)

我听到了:_____

_____

_____

_____

我看到了:_____

_____

_____

_____

我的感受及启发：_____

_____

_____

_____

知识加油站

3-1 创业团队的特征与生成过程

1. 创业团队的内涵

团队不等同于一般意义的"群体"。二者的根本差别在于，团队中成员的作用是互补的，群体中成员之间的工作在很大程度上是可以互换的。团队是群体的特殊形态，是一种为实现某一目标而由相互协作、依赖并共同承担责任的个体所组成的正式群体。[1]

创业团队是一种特殊群体，是企业高层管理团队的基础和最初组织形式，对创业能否成功具有重要作用。狭义的创业团队是指创业初期由一群才能互补、风险共担、愿意为共同的创业目标奋斗的人所组成的特殊群体。广义的创业团队不仅包括狭义的创业团队，还包括创业过程中的各种利益相关者，如风投公司、供应商、专家咨询团队群体等。[2] 简而言之，创业团队是一群人，面临一个不确定、好奇而又有挑战性的目标，一起去做一件有价值但可能失败的事情。[3] 创业团队的绩效应该大于所有成员独立工作的绩效之和。

2. 创业团队的特征

创业团队具有"四共四补"的特征，"四共"即共同愿景、共同目标、共担风险及共享回报；"四补"即思维互补、技能互补、性格互补、资源互补（表3-1）。

表 3-1 创业团队的特征

共同性	互补性
共同愿景：基于共同价值观，是一种由创业团队成员共同形成、发自内心追求、预期达到的未来情景的意象描绘	思维互补：创业团队成员思考问题的维度和方式互补，具有一定的差异性，避免过度一致

---

[1] 张玉利,陈寒松,薛红志,等.创业管理[M].5版.北京:机械工业出版社,2020:96.
[2] 于春杰.创业基础[M].北京:清华大学出版社.2020:59.
[3] 朱燕空.创业学什么：人生方向设计、思维与方法论[M].北京:国家行政学院出版社.2016:62.

续表

共同性	互补性
共同目标:创业团队成员对未来做什么、怎么做、做到什么程度以及何时做等达成一致的意见	技能互补:创业团队成员与专业背景、经验相关的各项技能不同且互补
共担风险:创业团队成员全身心投入要做的事,愿意付出时间、精力、金钱、情感、声誉等,一旦出现损失,愿意一起承担	性格互补:创业团队成员对待现实的态度和行为方式比较稳定,个性心理特征具有互补性
共享回报:创业团队全体成员共同获得的物质、精神层面的回报,如薪酬、分红、股权、荣誉、成就感等	资源互补:创业团队成员拥有能够满足创业活动基本需要的自身资源和整合资源

3. 创业团队的生成

(1)创业团队生成过程。

创业效果推理理论认为:新市场的建立不是任何一个人事先设计出来的,而是在创业过程中每名成员及其他利益相关者之间互动的结果。创业环境中的任何变化都会给创业者带来新的资源。[①] 因此,创业团队发起者需要与每一个利益相关者进行协商,让他们愿意为创业做出实际的承诺和行动。创业团队生成的过程一般包括说服、承诺和共创三个步骤。

①说服。为获取他人支持,劝说对方以使对方的态度、行为朝着期望的方向改变。如何能够快速说服他人呢？心理学教授罗伯特·B.西奥迪尼给出了几种方法:好感原理(赞美他人获得好感)、互惠原理(可以获得好处)、从众原理、权威原理(使人信任和跟随的能力强)、稀缺性原理(机会不可多得)。[②]

②承诺。获得利益相关者对资源投入以及与价值导向、行为规范遵守相关的允诺。新市场是合作伙伴之间不断互动的结果。获得利益相关者的事先承诺,不仅能减少甚至消除创业环境中的不确定性因素,还能拓展创业者的视野和思维,创造出意想不到的"新事物"。

③共创。创业者及利益相关者将各自的资源、想法进行沟通和交流后,形成阶段性目标,但最终的目标是无法预知的。目标会随着合作伙伴的退出和加入不断改变,所有人共创形成"新事物"。

---

① 瑞德,萨阿斯瓦斯,德鲁,等.卓有成效的创业[M].新华都商学院,译.北京:北京师范大学出版社,2015:176-192.
② 肖祥银.管理心理学[M].天津:天津科学技术出版社,2018:97-100.

(2)创业团队角色分工。

通常初始创业团队人员2~5人,最多不超过5人,以便减少沟通成本,快速决策。通常团队内有5种角色,每种角色需要有不同的能力。

①主导者。他们眼界开阔,洞察力和决断能力强;具有个性感召力,能激发团队成员的优势,并团结大家实现共同目标。

②策划者。他们知识面广,观念新,思路开阔,思维活跃,具有高度的创造力,喜欢打破传统,推动变革。

③外交者。他们的强项在于与人交往,在对外交往的过程中获取信息,对外界信息敏感,能感受到事物最初的变化。

④执行者。即把计划变成行动的人。他们遇到困难时总能够找到解决办法,执行力强,有较高的自控力与纪律性,对团队忠诚度高,为团队的利益着想而极少考虑自己的利益。

⑤监督者。他们对工作方案实施监督,喜欢反复推敲,决策时考虑周全,比较挑剔,不易情绪化,思维逻辑强。

初创团队中一人可以身兼多个角色。团队创始人要善于发现其他合伙人的优势,不断发现和挖掘人才,让团队更加牢固。

课堂讨论 先裁掉谁?

阅读材料

《西游记》中,为了完成西天取经任务,师徒五人组成了堪称"完美"的取经团队。其中,唐僧是项目经理,孙悟空是技术核心人员,猪八戒和沙和尚是普通成员,白龙马是老板座驾。

假如为了节约成本,作为项目发起人的唐太宗需要在这个团队里裁掉一名队员。该裁掉哪一位呢?为什么?

活动实践

时间计划及步骤(6~10分钟)

本活动在教室内完成。请同学们根据自己的座位,前后左右快速地自由组成3~5人讨论小组。

步骤一:小组讨论(2~3分钟)。

小组内的每个人依次分享自己的观点并说明理由,由一位同学负责记录结论及理由。

步骤二:观点聚焦(2~3分钟)。

各组分享最后的观点及理由,最终达成共识。

步骤三:回顾与反思(2~4分钟)。

在刚才讨论过程中,假如最终意见代表着团队目标,那么如何快速且高效地达成目标?是否有成员消极怠工?为什么?是否有人对最终意见提出质疑或反对意见?为什么他们敢于提出反对意见?

活动感悟(记录下你内心深处的真实想法)

我听到了:_____

_____

_____

_____

我看到了:_____

_____

_____

_____

我的感受及启发:_____

_____

_____

_____

知识加油站

3-2 创业团队协作的障碍与应对

1. 创业团队协作的障碍

打造一支具有高度凝聚力的团队对创业结果至关重要,但也是一件非常困难的事。团队协作中常见的障碍有以下几点。[①]

---

① 兰西奥妮.团队协作的五大障碍(全新修订版)[M].北京:中信出版社,2013:177-199.

(1)缺乏信任。信任是指团队成员之间相信言行是出于善意,在团队里不必过分小心或相互戒备。如果团队成员间缺乏相互信任,就会把大量的时间和精力浪费在管理个人行为和促进相互沟通上。具体表现为:惧怕开会,不愿主动向别人寻求帮助;不愿对别人的观点下结论;隐藏自己的弱点和错误等。缺乏信任的团队通常士气都非常低迷,效率低下的重复劳动会逐渐增多。

(2)惧怕冲突。良好持久的合作关系,需要积极的冲突和争论来促使团队共创,且积极的争论应仅限于观点,并不针对个人。无效或低效的团队中表面一团和气,惧怕当面发表不同的意见,以避免引发个人间的情感冲突,从而影响成员在履行义务时的投入程度,降低团队协作的有效性。具体表现为:使用不正当手段进行人身攻击;不能正确处理团队成员间的意见和建议;浪费时间和精力在表面形式上等。

(3)欠缺投入。投入包括阐明问题和达成共识。优秀的团队可以在很短的时间内各抒己见并努力达成明确的共识,没有人对已经做出的决定持怀疑态度。当团队意见无法达成一致时,会导致执行中分工协作出现问题,甚至不可避免地产生冲突。具体表现为:指令和工作任务模糊;反复讨论无法做出决策;团队成员对已做决策反复提出疑问等。

(4)逃避责任。逃避责任是指团队成员在看到其他成员的表现或行为有损团队利益的时候,不能够及时给予提醒。因为这样可能造成团队成员人际关系紧张,或者团队成员倾向于有意避免不愉快的谈话。具体表现为:甘于平庸;缺乏明确的时间观念;推卸责任等。优秀团队的成员会通过担负责任来促进彼此的关系,彼此相互尊重,对他人的表现抱有较高的期待。

(5)无视结果。无视结果是团队成员倾向于关注团队工作目标以外的事情,如过分关注个人职位、发展前途等。具体表现为:无法达成团队目标;关键成员退出;团队解散等。

上述五大障碍层层递进,如图3-1所示。

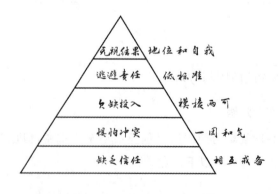

图3-1 团队协作的五大障碍

互相信任、拥抱冲突、全力投入、勇于担当、重视结果的团队具有以下表现,见表3-2。

表3-2 有效团队协作的表现

互相信任	拥抱冲突	全力投入	勇于担当	重视结果
•承认自己的弱点和错误 •主动寻求其他成员的帮助 •愿意给他人提出反馈意见 •赞赏并学习他人的技术和经验	•召开活跃有趣的会议 •听取其他成员的意见 •快速解决实际问题 •公开讨论不同的意见、方案	•明确工作方向和重点 •公平听取全体成员的意见 •培养在行动中学习的能力 •大胆行动、勇往直前	•公布工作目标和标准 •定期总结回顾阶段性成果 •及时对团队成员进行嘉奖 •愿意为团队目标实现牺牲个人利益	•优秀的新成员加入 •倡导团队目标导向 •正确看待成功与失败 •尊重为团队目标努力付出的成员

2. 创业团队协作障碍的应对

信任是高效、团结一致的创业团队协作的核心。首先,可采取个人背景介绍、个性及行为偏好测试等方法让团队成员了解彼此,定期参加拓展、实践活动等以增加彼此的信任度;其次,营造轻松和谐的团队会议氛围,鼓励和促进积极、坦诚的争论;再次,明确团队目标、任务完成的期限以及各成员的分工和责任;最后,倡导团队成员互帮互助、相互提醒。

团队领导者的创业领导力和行为对团队协作至关重要。为鼓励团队成员彼此间建立信任关系,应率先展示真实的自己、袒露弱点和不足;根据每位成员的个性及行为偏好合理分配工作;全方位听取各位成员的意见反馈,及时协调团队成员间的冲突,防止认知冲突向个人情感冲突转化;营造有特色的团队文化等。

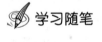
学习随笔

_____
_____
_____
_____

拓展阅读

1. 阅读《从13人到9000多万人:史上最牛的创业团队》一书

通过网络或图书馆寻找阅读资源,任选一章仔细阅读。请根据阅读内容与学习过的创业及创业团队理论,将灵光一闪的想法记录下来。

学习心得

1. 我对创业及创业团队的认知。

___

2. 中国共产党创业团队发展历程对我的启示。

___

3. 我的行动计划。

___

2. 雷军的小米初创团队

小米赴港敲钟上市当天,雷军在演讲中提及:"谢天谢地,公司第一天开张,有13人一起过来一起喝小米粥。至今我都不知道,他们当时是否真的信了。"

2010年,从金山网络退出休整了几年后的雷军,准备"出山"干票大的——用互联网电商模式卖手机。雷军很清楚,创业无非三要素:人、事、钱。

人是最关键的。他第一个找的是林斌。作为"李开复的左臂右膀",林斌那时在谷歌中国公司负责安卓操作系统的研发。有一天,两人如常约在咖啡馆里见面,雷军还没开口,林斌就告诉他自己正准备出来创业,方向是互联网音乐。雷军听完大喜,赶紧搭话,"不如跟我一起做一个安卓手机吧!"雷军随即摊开一张餐巾纸,开始在上面画小米的商业模式:先从已开源的安卓操作系统切入,做好用户体验,等操作系统被用户接受了,再做手机,然后通过电商模式卖产品,最后靠软件和互联网服务来赚钱。亲眼看见过谷歌做电商失败的林斌,并没有急于表态,因为电商模式能否做成、创业资金从哪里来等问题都是他所担忧的。显然,雷军是有备而来的。随后,雷军搬出自己在金山的股票,并抛出一句热血的话,"你拿着谷歌和微软的股票无非是为了投资,但最好的投资是投资自己。"雷军以投资过卓越网过来人身份力证做电商能成功。面对如此诚意十足的雷军,林斌决定卖掉自己所持有的大部分谷歌和微软的股票,将获得的资金全部投入到了小米这个新公司。

合作计划一敲定,两人分头挖人。雷军找来在金山的老下属黎万强。黎万强毕业于西安工程大学设计专业,擅长用户界面和人机交互设计。有一天,黎万强找雷军聊辞职的事,雷军问他辞职后有什么打算,他扬言要开个摄影棚。雷军一听就笑了,说"跟我干吧"。就这样,黎万强成为小米第三位联合创始人。

林斌以同样的方式"俘获"了微软旧同事黄江吉。那时,黄江吉在微软带领的研发团队正在重组,苦闷的黄江吉去找林斌诉苦。原本黄江吉只是打算跟老友吐槽一下目前的苦恼,谁知道林斌突然来了一句,"别在微软干了,出来跟我们一起创业吧!"林斌力劝黄江吉辞职,同他和雷军一起创办一家属于中国人自己的互联网科技公司。在北京知春路上的一间咖啡馆里,雷军、林斌和黄江吉三人坐在一起聊天,一聊就是几个小时。在那场长达几个小时的面谈中,黄江吉当场判断定,对面坐的两个人是要做点什么事情的。即使当时的黄江吉还不知道他们具体要做什么,但是在临走之时,他放下了一句话,"我先走了,反正你们要做的事情,算上我一份!"

除了黄江吉,林斌还挖来了自己原先在谷歌工作时的下属洪锋。跟雷军一样,洪锋凡是自己能动手解决的,绝不动口,但话一出口言必精练,常常一击即中,全在点子上。2010年2月,雷军与洪锋见面,一番寒暄过后,踌躇满志的雷军告诉洪锋他是谁,打算怎么做手机,还有小米能给洪锋什么。虽然当时的洪锋表现得很冷静,但双方都产生了"共振"。在洪锋看来,创业团队的价值观必须一致,"大家觉得什么重要、什么不重要,是一致的,我觉得这点非常非常重要"。而雷军的为人处事,恰好是他认同的。洪锋随即加入小米初创团队,负责移动互联网产品开发。"这件事情够好玩,梦想足够大。这很有挑战性,我决定来挑战一下。"洪锋说。

紧接着,他们又陆续招募到刘德、周光平。至此,小米初创团队组建成功,公司开始陆续招人。2010年,春寒料峭的四月,十三个人、一锅小米粥,一场携风裹雨的创业在中关村的银谷大厦里就此开始……

(案例来源:《雷军组建小米团队的那些事》,作者:鸣远,https://www.dsb.cn/88716.html,有删减。)

学习心得

1. 请运用创业思维理论分析小米是如何起步的。

2. 请剖析小米初创团队的生成步骤。

3.该案例对你的启示有哪些?

行动与实践

3-1 自我认知测评

我能成为创业者吗?本测试活动可以由个人完成,也可以邀请同学或朋友和你一同完成。

1.请根据表3-3回答问题,每道题分别在①②③三个选项中任选一个,限定5分钟内完成

表3-3 创业潜质自测表

序号	问题	选项①	选项②	选项③
1	创业者是天生的吗?	是	不是	有先天因素,也有后天训练
2	对于责任的态度	我从来不愿承担任何责任	我实际承担过责任	我不怕甚至愿意承担责任
3	"这件事可以干,没有风险"	我从未说过这样的话	偶尔说过	经常说
4	在生活中	我从未尝试干以前未干过的事	面对未曾干的事,只要我信任的人干,我就干	我总想尝试未干的事
5	在生活中	我总是被别人领导,让我干啥就干啥	我小时候在伙伴中就是"头头"	我牵头策划并和别人做过几件有成就感的小事
6	在平时学习、生活中	我总是特立独行,独来独往	我习惯与熟悉的朋友一起做事	我总是愿意结识新的朋友
7	我做事的原则	不想清楚绝对不做	有大概眉目了就行动	感觉有好处就试试
8	遇到困难	绕开	设法解决掉	找别人帮忙
9	长这么大	我离开家的日子累计不超过1个月	我很小就出来闯荡了	我在与家相同的城市读书,其间周末很少回家

续表

序号	问题	选项①	选项②	选项③
10	关于特长	我没什么特长	和身边的人相比,我的特长优势很明显	我有非常明确的兴趣和爱好

(资料来源:张玉利、杨俊等.创业管理(行动版)[M].机械工业出版社,2017:37-38.)

检查一下,在这10道题中有几道题你选择了①?如果选择①的题超过了6道,那么你目前可能不具备狭义上的创业者应有的潜质。但是没关系,你可以先种下一颗小小的创业种子,后续通过不断实践和锻炼提升创业能力,静待花开。

2. 认真思考,限定20分钟内记录下内心的真实想法

(1)请写下"我想成为创业者"的理由,可以只写关键词。

_____

_____

(2)请写下"我不想成为创业者"的理由,可以只写关键词。

_____

_____

3. 团队角色自测

下列每道题均有8种选项,各选项从不同角度描绘了你可能会有的行为。请将10分分配给这8个选项(每道题8个选项的总分合计是10分),分配原则:最能体现你行为的句子分数最高,并以此类推(最极端的情况也可能是10分全部符合其中的某一句话)。请根据实际情况填表。

(1)我认为我能为团队做出贡献是(　　)。

A. 我能很快地发现并把握住新的机遇

B. 我能与各种类型的人一起合作共事

C. 我生来就爱出主意

D. 我的能力在于,一旦发现某些对实现集体目标很有价值的人,我就及时把他们推荐出来

E. 我能把事情办成,这主要靠我个人的实力

F. 如果最终能导致有益的结果,我愿面对暂时的冷遇

G. 我通常能意识到什么是能真正实现的,什么是可能实现的

H. 在选择行动方案时,我能不带倾向性,也不带偏见地提出一个合理的替代方案

(2)在团队中,我可能有的弱点是(　　)。

A. 如果会议没有得到很好的组织、控制和主持,我会感到不痛快

B. 我容易对那些有高见而又没有适当地发表出来的人表现得过于宽容

C. 只要集体在讨论新的观点,我总是说得太多

D. 我的看法太客观,让我很难与同事们打成一片

E. 在一定要把事情办成的情况下,我有时使人感到特别强硬以至专断

F. 可能由于我过分重视集体的气氛,我发现自己很难与众不同

G. 我易于陷入突发的想象之中,而忘了正在进行的事情

H. 我的同事认为我过分注意细节,总有不必要的担心,怕把事情搞糟

(3)当我与其他人共同进行一项工作时(   )。

A. 我有在不施加任何压力的情况下,去影响其他人的能力

B. 我能随时注意防止粗心和工作中的疏忽

C. 我愿意施加压力以换取行动,确保会议不是在浪费时间或离题太远

D. 在提出独到见解方面,我是数一数二的

E. 对于与大家共同利益有关的积极建议我总是乐于支持的

F. 我热衷寻求最新的思想和新的发展

G. 我相信我的判断能力有助于做出正确的决策

H. 我能使人放心的是,对那些最基本的工作,我都能组织得"井井有条"

(4)我在工作团队中的特征是(   )。

A. 我有兴趣更多地了解我的同事

B. 我经常向别人的见解进行挑战或坚持自己的意见

C. 在辩论中,我通常能找到论据去推翻那些不甚有理的主张

D. 我认为,只要计划必须开始执行,我有推动工作运转的才能

E. 我有意避免使自己太突出或出人意料

F. 对承担的任何工作,我都能做到尽善尽美

G. 我乐于与工作团队以外的人进行联系

H. 尽管我对所有的观点都感兴趣,但这并不影响我在必要的时候下定决心

(5)在工作中,我得到满足,因为(   )。

A. 我喜欢分析情况,权衡所有可能的选择

B. 我对寻找解决问题的可行方案感兴趣

C. 我感到我在促进良好的工作关系

D. 我能对决策有强烈的影响

E. 我能适应那些有新意的人

F. 我能使人们在某项必要的行动上达成一致意见

G. 我感到我的身上有一种能使我全身心地投入到工作中去的气质

H. 我很高兴能找到一方可以发挥我想象力的天地

(6)如果突然给我一件困难的工作,而且时间有限,人员不熟(   )。

A. 在有新方案之前,我宁愿先躲进角落,拟定出一个解脱困境的方案

B. 我比较愿意与那些表现出积极态度的人一起工作

C. 我会设想通过用人所长的方法来减轻工作负担

D. 我天生的紧迫感,将有助于我们不会落在计划后面
E. 我认为我能保持头脑冷静,有条理地思考问题
F. 尽管困难重重,我也能保证目标始终如一
G. 如果集体工作没有进展,我会采取积极措施去加以推动
H. 我愿意展开广泛的讨论意在激发新思想,推动工作

(7)对于那些在团队工作中或与周围人共事时所遇到的问题,(   )。
A. 我很容易对那些阻碍前进的人表现出不耐烦
B. 别人可能批评我太重分析而缺少直觉
C. 我有做好工作的愿望,能确保工作的持续进展
D. 我常常容易产生厌烦感,需要一两个有激情的人使我振作起来
E. 如果目标不明确,让我起步是很困难的
F. 对于我遇到的复杂问题,我有时不善于加以解释和澄清
G. 对于那些我不能做的事,我会有意识地求助他人
H. 当我与立场不同的人发生冲突时,我没有把握使对方理解我的观点

评价分析表

题号	CW		CO		SH		PL		RI		ME		TW		FI	
	选项	分值	选项	分值	选项	分值	选项	分值	选项	分值	选项	分值	选项	分值	选项	分值
1	G		D		F		C		A		H		B		E	
2	A		B		E		G		C		D		F		H	
3	H		A		C		D		F		G		E		B	
4	D		H		B		E		G		C		A		F	
5	B		F		D		H		E		A		C		G	
6	F		C		G		A		H		E		B		D	
7	E		G		A		F		D		B		H		C	
总分																

(注:请将每一个题目中每一项的具体得分横向填入此表的相应项内。最后将竖向的得分相加,就是每一种角色的得分。得分越高的项目所对应的角色就是你在团队中扮演的角色。)

(资料来源:冯付凯.狼性团队 打造"狼队":如何让员工成为"一群狼"[M].北京:东方出版社,2006:226-232,有删改。)

角色分析

CW——行政者
典型特征: 保守,有责任感,有效率,守纪律。
优点: 有组织能力、务实,能把想法转化为实际行动;工作努力、自律。
缺点: 强调计划、缺乏灵活性,不愿尝试,易阻碍变革。

作用:把谈话与建议转换为实际步骤;考虑什么是行得通的,什么是行不通的;整理建议,使之与已经取得一致意见的计划和已有的系统相配合。

CO——协调者

典型特征:冷静,自信,有控制力。

优点:目标性强,待人公平。

缺点:个人智力和创造力中等,缺乏出众能力。

作用:明确团队的目标和方向;选择需要做决策的问题,并明确它们的先后顺序;帮助确定团队中的角色分工、责任和工作界限;总结团队的感受和成就,综合团队的建议。

SH——推进者

典型特征:挑战性,好交际,富有激情。

优点:愿意随时挑战传统,厌恶低效率,反对自满和欺骗行为。

缺点:喜欢挑衅,容易发火,耐心不够,缺乏幽默和必要的妥协。

作用:寻找和发现团队讨论中可能的方案;使团队内的任务和目标成形;推动团队达成一致意见,并依照决策行动。

PL——创新者(智多星)

典型特征:有个性,思想深刻,不拘一格。

优点:有天分,富于想象力,智慧,博学。

缺点:好高骛远,无视工作细节和计划;当与别人合作本可以得到更好的结果时,却过分强调自己的观点。

作用:提供建议;提出批评并有助于引出相反意见;对已经形成的行动方案提出新的看法。

RI——信息者(外交家)

典型特征:外向,热情,好奇,善于交际。

优点:有与人交往和发现新事物的能力,善于迎接挑战。

缺点:容易对工作失去兴趣,注意力经常转移,喜新厌旧。

作用:调查团队外的意见、进展和资源并予以汇报;适合做外联和持续性的谈判工作,具备从自身角度出发获取信息的能力;提出建议,并引入外部信息;接触持有其他观点的个体或群体;参加磋商性质的活动。

ME——监督者

典型特征:冷静,不易激动,谨慎,精确判断。

优点:冷静,判断,辨别能力强。

缺点:缺乏鼓舞他人的热情,挖苦讽刺,保守。

作用:分析问题和情景;对繁杂的材料予以简化,并澄清模糊不清的问题;对他人的判断和作用做出评价。

TW——凝聚者

典型特征:擅长人际交往,温和,敏感。

优点:随机应变,善于化解各种矛盾,促进团队合作。

缺点:优柔寡断,缺乏果断性,不愿承担压力,推卸责任。

作用:善于协调各种人际关系,在冲突环境中其社交和理解能力会成为资本;信奉"和为贵",有他们在的时候,人们能协作得更好,团队士气更高。

FI——完美者

典型特征:埋头苦干,守秩序,尽职尽责,易焦虑。

优点:坚持不懈,精益求精。

缺点:容易为小事而焦虑,不愿放手,甚至吹毛求疵。

作用:强调任务的目标要求,有严格的活动日程表;在方案中寻找并指出错误、遗漏和被忽视的内容;刺激其他人参加活动,并促使团队成员产生时间紧迫的感觉。

 实践反思

3-2 生成模拟创业团队

本次实践以班级为单位开展活动。首先,有梦想、想挑战、想体验、喜欢冒险的同学自愿报名担任CEO;其次,根据创业团队生成步骤理论完成模拟团队生成体验,团队人数为5~6人;最后,团队成员共同设计团队海报:要求用图画的形式展现活动愿景、使命、成员和团队文化;使用水彩笔和A1纸;全体成员手持海报进行3分钟团队风采展示并录制视频。

实践反思

1. 你是否主动报名担任创业团队的CEO?为什么?

2. 在创业团队生成过程中,你是如何说服他人或被说服从而加入团队的?遇到了哪些困难?如何解决的?

3.在制作共创团队海报的过程中,团队成员是如何分工协作的？遇到了哪些问题？如何解决的？

4.你的感受及启发是什么？

认知与成长

1.我的"第一次"备忘录

"第一次"突破越来越多了,你现在的感受是怎样的？接下来记录更多的"第一次"吧！别忘记认真记录下你的体会哦。

我的"第一次"

(1)

(2)

(3)

(4)

(5) _____

2. 我的认知重构

请根据知识加油站的资料内容,通过图书查阅、期刊阅读、网络搜索等途径对下列知识点进行梳理,并结合实践体验概括总结形成自己的认知。

(1)创业团队内涵之我见。

(2)创业团队协作中遇到的障碍及解决方法(可以学习第八章后再做记录)。

▶ 本章小结

俗话说:"众人拾柴火焰高"。创业初期,一个人可能走得很快,但一群有共同愿景、共同目标,思维互补、技能互补、性格互补、资源互补,愿意共担风险并共享回报的人团结在一起,才能够走得更远。优秀的创业团队创始人能够自动、自发地选择认同自己创业想法、高度信任自己的创业伙伴,共同制订创业目标,在团队能力范围内开始行动。

创业团队的生成,应建立在团队成员清晰的自我认知基础上,且团队角色定位清晰、分工明确。团队成员在共创过程中遵循互补、精简高效、动态开放的理念,倡导积极、必要的观点争论,协调好团队成员之间的关系,确保创业团队保持较高的凝聚力。

第四章 人本视角的问题探索

【观点】以"人为中心"进行问题探索往往比找到答案更有价值

爱因斯坦曾经说过:"如果给我1个小时解答一道决定我生死的问题,我会花55分钟弄清楚这道题到底在问什么。一旦清楚它到底在问什么,剩下的5分钟足够回答这个问题。"很多时候我们并不是找不到问题的解决方案,而是看不到问题所在。而设计师们对问题探寻有一套独特的方法论,且已经应用到商业领域。向设计师学习"以人为中心"解决复杂问题的方法论,应基于同理心关注社会日常生活、工作等具体场景,找到他人真正的问题所在,并探索其深层次的原因、挖掘人的隐性需求,这些是明确未来方向并创造机会的重要前提。

学习导读

随着体验经济时代的到来,越来越多的人开始从关注产品本身转移到关注人,回归到使产品满足他人情感需求。关注社会生活中的人、洞察和筛选痛点问题、挖掘和探寻问题表象下深层次的原因,重新界定痛点问题背后的真实需求,是人类在应对未来的不确定性及自身生存、发展所带来的难题的一种重要能力。设计师工作的源头是洞察潜在需求,产出有形或无形解决方案。向设计师学习"以人为中心"的设计思维及运用技巧,是探索从"0"到"1"、创造性地解决问题的有效方法。

本章学习内容

主要包括:掌握问题内涵的界定方法;了解同理心地图、用户画像等工具及其使用方法;了解问题识别、筛选、挖掘和界定的过程;了解洞察需求和呈现问题的工具使用等。通过本章的学习,学习者可以向设计师学习"以人为本"的设计思维,掌握设计思维并进行有价值的问题探索;运用探索问题的创新工具,进行问题探寻、问题分析、问题筛选并付诸实践。

本章学习目标

态度目标

(1)树立利他意识,学会共情他人、关爱他人;

(2)坚守为人类谋福祉的价值观。

能力目标

(1)能使用精准的词语表达个人对痛点问题的认知和总结;

(2)能够使用客户画像、同理心地图、客户旅程地图等工具,探寻、呈现用户在特定场景下的行为、情绪等特征,定义用户遇到的问题;

(3)能够从各种途径寻找问题并筛选、分类,找出痛点问题;

(4)能够使用工具对用户需求进行挖掘并定义呈现的问题。

知识目标

(1)能够清晰地描述对用户需求、痛点、同理心的新认知;

(2)能够结合实际生活阐述对"利他"的看法。

引导案例

中国农村特殊群体的内心成长和情感发展之痛

歌路营是一家成立于2008年的教育公益组织,聚焦农村寄宿学生的成长教育问题。该组织通过向住校生提供睡前故事等教育产品和内容,以及为师资(志愿者)提供专业的培训,补充了寄宿制学校的教育空白,提升了寄宿学校的教育质量,增加了弱势学生群体享受优质教育机会。

1. 意外的发现

2012年3月中某日,在甘肃农村一所寄宿制小学,熄灯铃响过后,同学们没有立马安静下来入睡,吵吵嚷嚷了很久。值班老师在每个宿舍一遍遍大声训斥,持续了很久,孩子们才安静下来。夜深了,老师还在宿舍楼巡视,隐隐传来孩子的抽泣声。"刚开学,低年级的孩子不适应,"疲惫的老师不好意思地解释,"孩子想家,夜里会哭闹……"

"孩子们住校的情况并不如意,睡前的时光更是让他们难过,我们有什么办法能帮到他们?"站在住校孩子的宿舍前,来自歌路营的调研者不断地问着自己。

2. 问题探寻

回到北京后,歌路营开展了相关研究,了解到全国有3000多万寄宿生,47.3%的孩子有负面情绪困扰;45%寄宿学校有一、二年级就寄宿的低龄寄宿生;其中有近

50%的寄宿生都是两人睡一张床或大通铺……

目前,普遍存在的校园困境有以下几种。

(1)课余生活:寄宿学校一味地采用"上课、上自习代替管理"的方法,导致学生厌学情绪明显,因此需要着力解决寄宿学校缺乏课余活动的问题。

场景:在云南某中心小学六点晚自习课上,一年级学生军军拿出语文教材,读了几遍白天学过的课文后一直在椅子上拧来拧去,熬着时间等下课……五年级某班,学生在第一节自习课上完成作业后,老师进来又布置了新作业:每人抄一遍同步辅导资料上的作文,并强调下晚自习前谁都不允许出教室。

老师说:"主要担心活动时间长会影响正常教学,不能一味地玩儿";"农村学校师资配备本来就不足,所以学校也就没有开展课后活动,让学生自己玩耍。"

(2)心理适应:寄宿制学生心理健康状态偏低,负面情绪较为突出,孤独感强烈,其中低龄住校生的适应问题尤其突出,特别缺乏针对农村住校生心理健康的内容和应对方法。

场景:"爸妈去外地打工了,我二年级就住校了。刚开始在学校特别不快乐,成天想爸爸妈妈是不是不要我了,把我一个人扔在学校不管我了。他们见不到我会想我吗?后来同宿舍好友劝我,爸爸妈妈都是为了我们以后好,才送我们到学校住校。慢慢地几个月后,就好一些了,我还学会了叠被子、洗衣服。"

老师说:"学校里最缺的就是心理老师,等着(上级部门)给分配一个心理老师也很不现实。老师们遇到住校生或者其他孩子的心理问题也没有啥办法,就是教育教育他们。"

"学生们的心理问题很多都是跟家庭有关系,几年见不到家长,其中不少孩子都是单亲家庭;还有好多家长把孩子送到学校就什么都不管了。"

"住校生的班主任压力很大,尤其是低年级的班主任,孩子遇到什么情况都会找老师,遇到他们想家呀,谁欺负谁啦,老师忙于应付这些事情,说到心理问题,老师对此也是无能为力。"

……

(3)宿舍环境:普遍呈现出挤、险、臭、难、秃的状况,需要重视宿舍空间环境、设施细节对学生身心健康的影响。

场景:在一间50平米左右的旧教室腾出的宿舍里,摆着十几架尺寸不一的上下铺铁床,还是大通铺,四个床位相连睡8到10个孩子。睡一床的孩子如果不是亲兄弟或姐妹,入学时需要双方家里商量好,一个负责带垫褥,一个则负责带被褥;因为没有浴室或洗不了热水澡,孩子们习惯了一周回家洗一次澡,更有不少孩子内衣鞋袜也是一周才换一次,宿舍里自然是别有一番"风味";宿舍楼多数没有厕所,就算有冲水厕所却因水量不足、楼上抽不上水、下水管易堵、化粪池难掏等各种原因不能使用。晚上孩子们需要走下宿舍楼,穿过操场,到校园旱厕里上大小便。天冷的时候,孩子们就会纠结:是憋着还是去厕所?

校长说:"集中办学以后需要住校的学生太多,外出打工的家长也多,家长出于安全和方便考虑,都希望孩子住宿,人多了就只好两人睡一床,而且几张床拼一起,几个孩子一起睡也不挤";"家长希望俩孩子一起,大一点的孩子跟小一点的一起睡,互相照应。甚至对于低年级小男孩到姐姐宿舍睡,小女孩到哥哥宿舍睡,孩子小还不懂性(别)也没关系"……

(4)营养卫生:需要提高教师营养意识并学习相应知识,保证孩子们吃得饱,更要吃得好。同时学校还需加强并保障住校学生的基本医疗,提高应急能力。

场景:广西某寄宿制小学四年级一个个头矮矮的学生,中午打完饭回到教室来吃。他今天没什么胃口,胡乱拨了几口土豆拌饭,就玩去了。我们好奇地问他怎么只有一个菜,他说:"还有一个学校发的鸡蛋,不爱吃,扔了。""那也不能只吃这么点啊""感冒了,不想吃。"他的头摸起来挺烫,问他吃药了没,他摇摇头,"撑一撑就过去了。上次感冒了,特别头疼,我也没去看医生,我觉得怪麻烦的。我们自己都没有药,只有生活老师那有感冒药,不过我也没去找她。"

老师说:"都是这么吃,靠经验呗,要是严重,我们就直接送乡里(卫生所)。"

(5)生活老师:需要增加寄宿学校生活老师的配比,减轻任课教师多重角色的压力,同时重视对生活老师的培训。

场景:四川巴中某农村小学,张老师凌晨3点开始了第5次宿舍查寝。一、二年级女生宿舍,张老师挨个把手伸到学生的被窝里,到第三个孩子时发现她尿床了。她不得不把同睡的两个小姑娘抱到自己的床上去睡,然后把尿湿的床单被子扔进了盆里,准备明天再做处理。查完寝后,张老师在两个孩子的身边躺下。在凌晨4点和5点,张老师又定时起床监督习惯性尿床的孩子去上厕所。

学校没有专职生活老师,所有老师轮流值日,每天两人照顾学校200多名住校孩子的生活起居。

老师说:"除了每天上课后能休息两三个小时,一天24小时都被占得满满的!晚上也不敢睡,每个整点都要起来查寝。娃儿们都太小,实在是放心不下!"

(6)睡眠状况:造成住校生睡眠时间少、质量差、入睡慢的因素有很多,需要学校用更柔性和人性化的管理促进其睡眠改善。

场景:一个刚住校的三年级女孩玲子说晚上经常睡不着。这引发了宿舍内孩子们的大讨论,原因多种多样:风吹窗户,门撞到床架,打雷,蚊子咬,外面有动物叫,有人起来上厕所,有人说梦话,同睡的孩子抱着被子睡被冻醒,和没有睡着的同学说话、数山羊……

老师说:"最怕孩子夜里闹,多数是想家,也有时候是因为生病。"新生入学头两个月李老师最疲惫。六七岁的孩子一到夜幕降临就想家。如果有一个孩子哭闹,就传染寝室内几十个孩子。有一天晚上一个学前班小女孩凌晨一点醒来,哭着要回家。李老师陪着她去操场走了半个多小时才肯回来睡觉。

……

(资料来源:节选自歌路营《中国农村住校生调查报告》。)

启示

随着人工智能时代的到来以及全球经济衰退浪潮带来的冲击,使得人的心理情感调适能力逐渐成为未来社会发展的核心竞争力。而中国农村的寄宿儿童和留守儿童,他们心理健康状况差、情感调适能力薄弱,容易出现自我认知偏差、人际关系问题、社会意识薄弱等问题,这将严重影响他们未来的健康成长,甚至会进一步影响整个社会的稳定与和谐。公益教育组织歌路营在调查中敏锐地发现了这个特殊群体存在的痛点问题,创造性地提出解决方案并在市场验证中不断迭代前行。爱是解决问题的起点,歌路营的志愿者基于同理心发现问题、洞察问题、定义问题并重构问题,为后续创造型解决方案的设计奠定了重要的基础。

1.请从上述案例和启示中找出3个引起你关注的词语或句子。为什么会引起你的关注?这让你联想到了什么?

_____
_____
_____
_____

2.歌路营是通过哪些方法发现问题的?这些问题的背后折射出农村寄宿学校学生的哪些需求?

_____
_____
_____
_____

3.请尝试用除文字以外的其他表达方式记录你的想法。

第四章 人本视角的问题探索

课前活动 架桥行动

学习目标

(1)通过活动体验问题探索的意义；

(2)理解"以人为本"开展问题探索的重要价值；

(3)明确问题解决方案设计的行动逻辑。

活动实践

工具包

扑克牌。

时间计划及步骤(8~10分钟)

本活动在教室内由同学们以模拟创业团队为单位组织开展。各团队选出代表到老师处领取20张扑克牌。

步骤一:架桥方案设计(3~5分钟)。

各团队需在规定的时间内,使用手边的资源架设一座桥,要求美观、大方、结实、有创意,最先完成的团队胜出。

步骤二:反思与回顾(5分钟)。

在刚才的架桥活动过程中,各团队是怎样开展活动的？失败了几次？成功的经验有哪些？架桥过程中各团队最关注的环节是什么？请各团队派出代表进行分享。

活动感悟(记录下你内心深处的真实想法)

我听到了:＿＿＿＿＿＿＿＿＿＿＿＿＿＿＿＿＿＿＿＿＿＿＿＿＿＿＿＿＿＿＿＿＿＿

＿＿

＿＿

＿＿

我看到了:＿＿＿＿＿＿＿＿＿＿＿＿＿＿＿＿＿＿＿＿＿＿＿＿＿＿＿＿＿＿＿＿＿＿

＿＿

＿＿

＿＿

我的感受及启发：_____

_____

_____

_____

_____

_____

知识加油站

4-1 人本视角下问题探索的价值

能够"以人为中心"发现问题是创业者们迈向成功的重要一步。乔布斯曾讲过："知道自己想要什么，这不是客户的工作。"创业者需要站在用户的角度，研究用户需求，然后创造出超越用户预期的产品或服务。仔细观察某些特定的日常生活场景，烦恼、困境、不满、抱怨等负面心理情绪是某些特定用户的行为表现。这些表象行为背后的原因是用户的需求没有得到满足。这些需求可分为两种：显性需求和隐性需求。创业者的使命是发现并挖掘用户负面情绪表象背后深层次的真实需求，尝试从各个层面提出创造性的，甚至超越用户预期的解决方案，即创新产品或服务，进而将其规模化和产业化。

由此可见，在创业者眼中，问题就是与人有关、现实存在、复杂且有挑战性的理想状态与现实的差距。问题困扰用户的时间越长、影响程度越大，用户的负面心理状态就越严重，该问题就需要更迫切地去解决。如何更好地发现问题、挖掘问题背后的需求以及解决问题，则需要创业者向设计师学习其思维模式，即设计思维。全球知名设计咨询机构 IDEO 公司首先将设计思维应用到商业领域。

"设计思维(design thinking)"中"design"的真正含义，是针对有任何一种复杂的现象或者问题，设计出一套创新产品、项目、服务、流程、模式、战略等。设计思维就是利用设计师"基于真实用户的需求和期望并提出创新性的解决方案"的思维模式来解决复杂问题的一种思维模式。它不仅仅适用于任何一个需要解决问题的人，还包括解决现有的和寻求还不存在的、新的产品、服务、流程和模式等的问题，更可以在社会创新领域解决更大的问题，如全球变暖、教育、医疗、安全、清洁的水资源等。[①]

"以人为中心"意味着一切开始于人的需求，倡导同理心、合作、乐观和实验精神，这是设计思维的核心思想。设计思维正在成为世界创新者的共同语言，其核心思想具体包括：

---

① 鲁百年.创新设计思维[M].2版.北京:清华大学出版社,2018:31-40.

第四章 人本视角的问题探索

①以用户为中心,进入真实世界找到新视角,获得新洞察;
②重新界定问题,拓展问题的解决思路;
③邀请用户、合作伙伴、利益相关方共同参与变革;
④快速迭代,在实践中持续"行动-反思-总结-提升"。

设计思维不仅是一种思维模式,也是一个发现、探索、解决复杂问题的工具,更是一套解决复杂问题的方法论。设计思维的流程有不同版本,适用于不同领域的设计。现在比较流行的是全球知名设计咨询机构 IDEO 公司的"启发-构思-实施"三阶段设计思维模型、斯坦福大学设计学院(Hasso Plattner Institute of Design,d. school)的"移情-定义-构思-原型-测试"五阶段设计思维模型、德国波茨坦 HPI 的"理解-观察-分析-创意-原型-测试"六阶段设计思维模型等。① 其中,斯坦福大学设计学院的五阶段模型的流程简单易懂,初学者更容易掌握,而且对于公益设计和产品设计都非常实用。

斯坦福大学设计学院提出的五阶段设计思维模型具体包括以下内容,如图 4-1 所示。

①移情/同理心:站在他人角度了解所涉及的人类需求;
②需求定义:以人为本基于同理心定义用户遇到的问题以及深层次的需求;
③创意构思:通过讨论创建许多想法;
④原型实现:利用将想法开发产品原型(MVP 最小可行性产品);
⑤实际测试:在真实使用过程中观察并详细记录并分析用户在使用产品中遇到的问题。

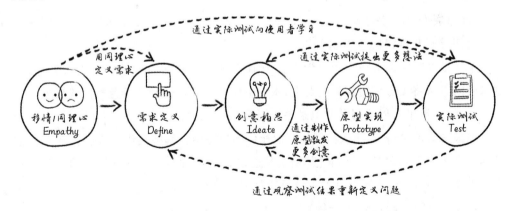

图 4-1 斯坦福大学设计学院五阶段设计思维基本流程

创新创业活动的起点是发现困扰用户的问题。如果能够识别出用户的特定需求并提出创新性的解决方案,对于创业者而言就拥有了一个新的市场机会。然而,人们

---

① 鲁百年.创新设计思维[M].2 版.北京:清华大学出版社,2018:31-40.

总是习惯在没有深入剖析问题的情况下就急于去寻找解决问题的方法,结果往往是南辕北辙。所以学习并掌握设计思维这个创新方法和工具,从问题识别和准确定义开始,为创业者的创新创业活动做下一步探索、寻找创造性解决方案提供明确的方向,其意义非常重大。

学习随笔

_____
_____
_____
_____

课堂活动 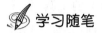 我最喜欢的 App 调查

学习目标

(1)引导学生理解产品或方案的本质是满足用户需求;

(2)明确用户需求具有特定群体、特定场景等属性特征。

活动实践

工具包

A4 纸,便利贴,水彩笔。

时间计划及步骤(8~10 分钟)

本活动在教室内完成。每位学生到老师处领取一张 A4 纸,选择一支水彩笔,根据自己的思考将关键词写在便利贴上,水彩笔颜色不要与便利贴颜色相同或相近。

步骤一:请思考以下问题并记录关键词(1~2 分钟)。

你最喜欢的 App 是什么?哪些方面让你感到好用?哪些超出了你的预期?它帮助你解决了什么问题?你听到过其他人对这款 App 的评价吗?如何评价的?其他人在使用这款 App 时,你所看到的表情反应是怎样的?

步骤二:活动分组(3~4 分钟)。

所有同学离开座位站到教室合适的墙面前,每人分享观点并将便利贴贴在墙面上;整理便利贴,将便利贴归类;将有相同或相近观点的同学分为一组,各小组选出最具有代表性的案例及小组发言人。

步骤三:小组分享(4 分钟)。

(1)请各小组发言人起立向全班同学分享代表性观点。

视化工具(图4-3)。其作用是:有助于团队成员全方位地了解用户;发现用户自己都不知道的用户需求。同理心地图中"says"是用户说的话,"thinks"是用户在完成目标过程中的想法,"does"是用户为完成目标所作的事情,"feels"是用户在活动过程中的情绪体验。

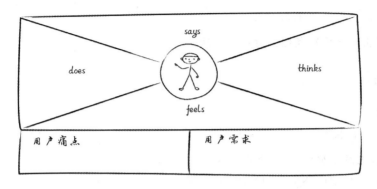

图4-3 同理心地图

(3)客户旅程地图。也被称为用户体验地图,是一种描述用户故事的可视化工具(图4-4)。它从用户视角出发,直观展现产品流程各个触点上用户的痛点、需求和情绪;也是帮助设计师、产品经理等更好地了解用户的共创工具。

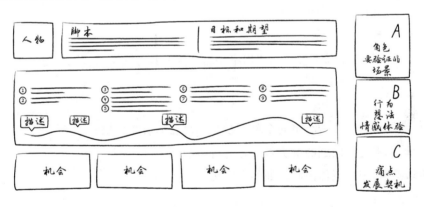

图4-4 客户旅程地图

学习随笔

课堂讨论 寻找有价值的问题

学习目标

(1)理解问题的识别和探索途径；

(2)体验问题识别和探索过程及方法。

活动实践

工具包

便利贴,水彩笔。

时间计划及步骤(8~10分钟)

本活动在教室内分组共同完成。

步骤一:发现问题(6~8分钟)。

每组准备便利贴若干,选择不同颜色的水彩笔。选择一面空间宽敞的空白墙面,每位小组成员回顾自己感兴趣或关注的领域,思考什么人会在哪些场景下出现负面情绪,如抱怨、沮丧、愤怒等,并将事件场景、问题描述分别写在两张便利贴上。将便利贴贴在墙面上,并向其他小组成员分享。

步骤二:投票(2分钟)。

各小组成员通过投票的方式选出本小组认为最具有解决价值的问题。

分享

(1)请投票选出2个小组向全班同学分享自己的研究成果。

(2)请思考这些问题的解决是否是有价值的。

活动感悟(记录下你内心深处的真实想法)

我听到了:_____

_____

_____

我看到了:_____

_____

_____

我的感受及启发：_____
_____
_____

知识加油站

4-3 问题筛选、洞察与定义

通过观察、访谈、体验等途径发现困扰用户的问题有很多。这些问题都适合用设计思维来解决吗？哪些问题可以用传统的线性逻辑分析方法来解决？哪些问题可以用设计思维来解决？哪些问题的解决能够提供创业新机会？在问题解决之前，首先要明确什么才是要解决的"正确的问题"。整合、筛选获取的大量信息，洞察分析、挖掘需求，方能精准定义问题。

1. 问题的筛选

（1）筛选出适用于设计思维解决的问题。当问题涉及的人不多，已经有清晰的解决思路，有过类似的经验可以参考，传统的线性逻辑分析方法更适合。而复杂的、充满不确定性的、没有明显方案的、与人有关的系统性问题，如欠发达地区饮用水的安全问题、大学生从学校向社会过渡的问题，比较适合运用设计思维的方法去解决。

（2）筛选出用户的"痛点"问题。在第一步筛选结果的基础上进行优先级排序。筛选时考虑问题的发生频率和用户基数等。首先解决用户基数大、频次高的问题，其次才解决用户基数小、频次小的问题。基于基础体验的需求才是"刚需"（痛点）问题，就像人饿了要吃饭、渴了要喝水、痛了要止痛（图4-5）。

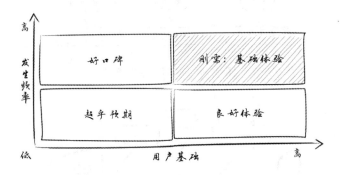

图4-5 基于发生频率与用户基础的问题分析

痛点问题应具有以下特征：对核心细分用户群体的针对性强；有明确的使用场景和目标；没有替代解决方案或对现有解决方案不满。

2. 问题的洞察

洞察的目的是避免主观的思考和认知，去挖掘问题背后真正的原因。痛点问题的背后是未满足的需求,即人们愿意支付一定成本去满足的愿望。需求的本质就是痛点,而用户的需求就是一种愿望,即目前未满足的、欠缺的、期望得到的。

需求是在一些特定人群、特定场景下,进行特定行为或发生特定情况时才会产生的。例如叫外卖:不愿意出门也不愿意做饭的人(特定人群),在天气炎热时(特定场景),吃饭欲望强烈但迟迟不出门(特定行为)。这种需求是在不同的场景下,许多用户共同的需求且非常强烈,让人们愿意付出较高的价格,来获取方便快捷的服务。这就像雪中送炭,解决了用户的"痛点"问题。

值得注意的是,有一种需求是"伪需求"。例如,在汽车出现以前去问用户需要什么交通工具,用户只会说自己需要一匹更快的马,但是如果再继续深挖需求,会发现用户其实是想更快地从A点到B点,于是福特为用户提供了汽车,而"更快的马"就是我们常说的"伪需求"。如果错把"伪需求"当成真需求,就会南辕北辙,导致创新性解决方案的失败。

洞察问题的工具包括5WHY分析模型、鱼骨图分析模型等。5WHY分析模型是对一个问题连续以5个"为什么"进行自问,以追究其根本原因的分析方法(图4-6)。它从结果着手,沿着因果关系链条,顺藤摸瓜,直至找出原有问题的根本原因。鱼骨图分析模型是一种发现问题"根本原因"的方法,也可以称为"因果图"(图4-7)。

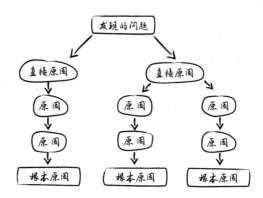

图4-6 5WHY分析模型

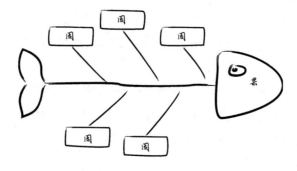

图4-7 鱼骨图分析模型

需要注意的是,这个阶段要集中注意力寻找"刚需",而不是去思考研究对象所描述的那么多问题该如何解决,否则就会影响后续的创新和创造,跟普通的解决问题没什么两样了。

3. 定义问题

洞察问题之后,需要对其进行有意义且可行的总结表述,称之为定义问题。一个完整的问题表述由三部分组成:利益相关者、需求和洞察。用一句话表述就是:(人物角色描述)需要一种方式去(动词)因为(你的洞察)。① 例如,年轻的、喜爱户外运动的户外工作者需要将"防晒"纳入日常工作中去,因为他们仅把防晒霜跟工作之外的活动联系在一起。

如果可以的话,尽可能把人物角色的姓名、年龄、职业、爱好、工作环境、主要社交关系、让他感觉挫败和愉悦的几个点以及重要经历描述出来,让人物形象更加清晰饱满。根据团队所提出的洞察及对问题的定义,用"我们是否可以……""我们能否……"句式作为下一步讨论的主题,即对所定义的问题提出不同的思考角度,以便在下一个环节产生更多的想法。例如,"我们如何能够在 30 分钟内将新下生产线的保鲜啤酒送到××地区周边的 32 个小区内对品质、口感有极高要求的客户手中"。

为了更清晰地表述问题,可以使用问题画布工具呈现,如表 4-1 所示。

表 4-1 问题画布

谁的问题 (who)	什么时候发生 (when) 什么地方发生 (where)	问题界定 (what) 该怎么做 (how might me)	问题的紧迫性 (how urgent) 问题的重要性 (how important)	问题的本质原因 (why)
问题情境				问题分析

(资料来源:朱燕空.创业学什么——人生方向设计、思维与方法论[M].北京:国家行政学院出版社,2016:113-117.)

---

① 张凌燕.设计思维:右脑时代创新思考力[M].北京:人民邮电出版社,2015:31-40.

学习随笔

拓展阅读

1. "明眸灵犀"：科技让盲人生活更美好

"我们的产品有技术优势、服务优势、价格优势……"在"2018浙大双创杯全国大学生创业大赛"决赛终审答辩现场，听完肖锋关于项目的介绍，有评委戴上眼镜，亲测产品效果。

这是一款针对盲人出行、阅读的眼镜。操作时，只需将眼镜连接到相应的手机App，即可通过语音播报获取相关信息。

有评委尝试随手拿起项目计划书进行盲读。很快，纸上的文字通过语音播报传送给阅读者。肖锋解释，这就是通过高畸变文字识别算法，将书本上的印刷体文字直接转化为语音。

他介绍，考虑到盲人阅读中的实际情况，产品经过几次更新，即使盲人拿到书本时文字是倾斜或者侧立的，这款眼镜依然能够比较准确地进行识别。

实际上，这款眼镜的便捷之处不止这一点。肖锋介绍，普通的助盲产品只能够识别周围障碍物，但是并不能准确指引盲人避开障碍物快速行进。而"明眸灵犀"应用点云避障算法，帮助用户探测障碍物的同时，精准计算出通过路径。"前方0.6米处有障碍物，请向右前方15度前行0.6米……"现场做了示范后，肖锋补充"真正实现了精准寻径，高效避障"。

而之所以研发一款这样的产品，源于团队成员肖玉玲。

2010年3月，14岁的肖玉玲在一次车祸中推开身边的同学，自己的右腿却落下了残疾。

在江西师范大学就读期间，肖玉玲成立志愿服务队，号召同学一起奉献爱心。在这个过程中，他们关注到了盲人群体，肖玉玲和同学们希望能够通过大家的力量，为盲人做些事情。

到底什么样的产品才能够真正给盲人带来便利？

肖锋介绍，最初他们考虑过设计成头盔的样子，但是考虑到"目标"太大，不便于携带，反而容易显得"格格不入"。"我们不仅要从功能上进行考虑，更要照顾到盲人的情绪。"于是,相较更加灵活轻便的眼镜成为他们的最终选择。

为了研发这款盲人眼镜,团队成员与南昌市第三按摩医院的盲人同吃同住3个月,近距离体验盲人的生活,了解他们的需求,就是希望能够设计研发出盲人真正喜欢、受用的产品。

在不断的研发、用户体验、收集反馈更新下,产品完成了3次迭代开发。

目前,团队已经形成了自己的4大品牌公益活动,累计帮扶了6700余位盲人,服务时长超3万小时。

"这个世界很美,我们看到了,但他们却没有,身体的残疾不应该成为他们一生的遗憾,美丽的世界同样值得他们去欣赏。"作为新时代的青年,肖锋和团队成员渴望实现自我,也想回馈社会。

(资料来源:《明眸灵犀:科技让盲人生活更美好》,作者:杜沂蒙,中国青年报2018年11月5日T03版。)

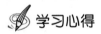

(1)明眸灵犀眼镜这个产品创新方案满足了哪些细分用户(地域、年龄、心理、行为等)的哪些需求?

(2)盲人在日常生活中遇到的常见问题有哪些?为什么选择阅读和避障作为痛点问题?

(3)该案例对你有何启发?

学习心得

_____
_____
_____
_____
_____

2. 视频学习

请在哔哩哔哩官网搜索下列视频并思考相关问题。

(1)《设计思维是未来核心竞争力》。你认同这种观点吗?为什么?这对你有何启示?

(2)《让你搞懂设计|设计思考入门课程》,观看2-1至2-5。学习同理心以及问题探索的三种途径。

📝 **学习心得**

_____
_____
_____
_____

3. 阅读《中国农村住校生调查报告》

请自行搜索并阅读歌路营官网公益项目栏研究成果：《中国农村住校生调查报告》。尝试用5WHY分析工具绘制中国农村寄宿留守儿童的痛点挖掘结构图。

📝 **学习心得**

_____
_____
_____
_____
_____
_____

行动与实践

4-1 发现问题

请结合所学专业领域、社会实践调查研究项目、日常生活中的场景等，进行问题探寻实践活动。要求：

（1）以模拟创业团队为单位开展问题探寻实践；

（2）每人提出一个问题并制作问题清单，如表4-2所示。

表4-2 问题清单

序号	人	时间、场景	行为	问题
1				
2				
……				

(3)根据问题清单进行排序,确定1～2个痛点问题,选择合适的探寻途径以及同理心地图、客户画像等工具进行呈现;

(4)用音频或视频记录访谈、观察、沉浸体验全过程。

实践反思

4-2 问题洞察、需求挖掘及定义

请根据行动与实践4-1寻找到的痛点问题,运用洞察工具进行深层次原因探寻,找到用户深层次的需求,并对问题进行重新定义。要求:

(1)以模拟创业团队为单位开展实践活动;

(2)运用5WHY分析模型或鱼骨图分析模型等工具进行问题洞察并详细记录原因;

(3)运用问题画布工具对问题进行呈现;

(4)重新定义和表述问题。

实践反思

认知与成长

1. 我的"第一次"备忘录

你越来越勇敢了,请继续加油哦!记录下更多的"第一次"吧!别忘记认真记录你的感受哦。

我的"第一次"

(1) _____

_____

_____

(2) _____

_____

_____

(3) _____

_____

_____

(4) _____

_____

_____

(5) _____

_____

_____

2. 我的认知重构

请根据知识加油站的资料内容,通过图书查阅、期刊阅读、网络搜索等途径对下列知识点进行梳理,并结合实践体验概括总结形成自己的认知。

(1)"用户需求、痛点、同理心"之我见。

_____

_____

_____

_____

(2)我这样看待"利他"。

_____

_____

▶ 本章小结

创业过程就是不断地积极探寻问题、洞察问题本质并创造性地解决问题的过程。用户需求是一切行为、一切结果之源,发现"正确"的问题比解决问题更有价值。爱是创业的起点,大学生作为创业者应关注身边的人,以同理心感受他人在生活、工作场景下的体验,洞察他人负面心理或情绪背后的原因和真正的需求,为提出更多的创造性解决方案指明方向。

以人为中心,意味着一切始于人的需求,从人而非物的视角进行思考和行动。大学生作为创业者应尊重因地域、文化背景而产生的差异性,始终保持对人的关注并努力做到对他人的处境感同身受;以为他人营造愉悦的体验为目标;不以追逐利益为唯一追求,在未来的学习、生活和工作中,能够共情他人、与他人愉快合作、积极乐观、勇于探索。帮助他人,成就自己。

第五章 创意方案的产生

【观点】 大胆突破束缚,"格子外思维+科学方法"助力创意产生

解决问题有不同的方法和层次。有的是完善原方案;有的是提出全新的解决方案。问题解决方案离不开创意设计,而创意的产生又源于创造性思维。有时候创意的产生的确是灵光一闪,但不是每次都有,也不是突然之间出现的新事物,而是熟悉的旧元素与新联想融合后带来的奇妙感和新鲜感。尝试运用创造性思维,打破已有认知框架束缚,跳到"格子外"思考,将旧认知的要素进行拆分,借助科学的创新技法进行创造性地组合,会收获意外的惊喜。

学习导读

随意打开一个创意网站,许多有创意的产品或服务就会冲击我们的感官。例如:带转向灯的骑车夹克、自动驾驶汽车、用空气洗手的装置、社区团购……这些产品或服务都是问题的创意解决方案。创意的产生源于创造性思维。什么是创造性的思维?创造性的思维方式有哪些?如何培养创造性的思维?产生创意的技法有哪些?如何树立创新意识,激发好奇心和求知欲望,拓展想象空间,提出新颖、独特的创意方案?知道这些问题的答案不仅是我们应该具备的创新素养,更重要的是我们可以学会从新的视角去看待问题,突破思维的惯性,进而受益终身。

本章学习内容

主要包括:理解和认识创造性的思维以及创意;学习创造性的思维方式以及产生创意的技法;体验团队共创的学习氛围。通过本章的学习,学习者可以体会自己原有思维方式的特点以及对创新的阻碍;了解"格子外"思维对创意解决方案产生的价值;运用创意产生的技法提出高质量解决方案的过程。

本章学习目标

态度目标

(1)富有创造意识和首创精神;

(2)崇尚新颖、独特性的理念。

能力目标

(1)能够使用创造性的思维方式产生多个不同层面的创意;
(2)能够借助创意产生的技法提出高质量的创意解决方案。

知识目标

(1)能够清晰表达个人对创造性思维、创意的内涵的认知;
(2)能够运用专用术语阐述如何提升创造性思维能力。

引导案例

歌路营的公益产品创新之路

2012年,已成立四年的北京歌路营教育咨询中心到甘肃做项目调研。中国心理学会注册心理咨询师、清华大学心理咨询中心咨询师、美国咨询师认证管理委员会全球职业规划师(GCDF)认证培训师、歌路营总干事杜爽首次关注到农村寄宿生群体的痛点问题:课外时间大量闲余,文化生活较为枯燥;学生心理健康问题突出,低龄住校生适应性差;寝室床位密度过大,学生间矛盾多;宿舍条件普遍过差,学生对学校、宿舍归属感差;缺乏生活老师,学校管理压力大。

1. 灵光一闪的创意

突然间,杜爽想起在歌路营此前举办的一次读书分享会上,一位同事分享了一个美国康特科斯塔监狱为少年服刑人员讲故事的案例:这是一间重刑少年犯监狱,到了晚上的时候,他们会表现出极强的攻击性和自残性行为,非常难以管理。一位叫贝蒂的志愿者了解到这一情况后,决定每天晚上给孩子们讲睡前故事。没想到这档叫作"大夜秀"的睡前讲故事活动,产生了很好的效果。孩子们不但变得平静很多,甚至这还激发了一些孩子的阅读兴趣。这项试验的成功引起了弗吉尼亚州教育专家的注意,它随后被发展成了一个10年监狱改善计划。想起这个故事,"可以为农村住校孩子讲故事"的想法也从杜爽脑中冒了出来。

2. 歌路营的调研

回到北京后,歌路营开展了相关研究。经脑神经科学家和心理学家们研究证实,人在听故事时神经元会被触动,产生身临其境的感受和反应,孩子们通过故事感受和理解经验以外的生活,模拟练习生活中的成长议题。此外,故事也具有疗愈作用,故事治疗已经成为心理治疗领域非常重要的手段。

歌路营了解到全国有3000多万寄宿生,47.3%的孩子常有负面情绪困扰;45%的寄宿学校存在一、二年级的低龄寄宿生,这当中有50%是两人睡一张床或大通铺……这些数据更证实了杜爽的观察和判断,她决定用故事陪伴农村寄宿生在校期间的每个夜晚,农村住校生睡前故事公益项目宣告立项。

3. 创意方案设计

通过研究和讨论,歌路营设计了一个既能有效减轻生活老师晚间管理的压力,同时保证孩子受益时间长、满足多方面成长需要的项目:在每间宿舍装一个小喇叭,借助学校原有电脑和公放设备,由歌路营提供睡前故事内容,值班老师每天在睡前按顺序播放一个故事,"一键"便可以完成。因为小学六年住校大概是1000个晚上,故命名为"新一千零一夜"农村住校生睡前故事公益项目。

(1)利用无组织、碎片时间分享和创造价值。利用好每天的碎片时间,汇聚微小力量形成大的影响。"新一千零一夜"睡前故事已历经8年,其中覆盖小学1001个班级,初中300个班级,每个故事约为15分钟,故事总字数超过300万字。

(2)为住校孩子量身制定故事内容。故事是从"树精灵"讲起的。毛毛虫在学校遇到各种状况,每天晚上都会跑到树精灵那里,树精灵会为它讲一个故事,每天解决一个问题,同时长大一圈。开篇之后,有《吃噩梦的精灵》《巧克力的城堡》《种星星的日子》等多个故事。小达是农村寄宿生,踩死小虫子是他的日常游戏,他用爸爸的"教导"回答老师——这是个弱肉强食的世界。对于这个有理有据的事实判断,老师不知该如何反驳。不久,像小达一样的很多孩子听到了一则故事:大老虎是森林之王,耀武扬威、目空一切。一天,大老虎被绳索缠住,无法挣脱,是小老鼠帮它咬断了绳索……

从2013年开始,歌路营的志愿者通过对学校老师、住校社工、学生的访问,整理出了目前农村学校孩子近200个问题:离开家住校,跟父母分离造成情感缺失;丧失了家庭教育承担的品格养成、学习做人做事的部分;长久住校,与老师关系和同学的关系成为影响农村住校生性格的重要因素;封闭住校环境带来的信息匮乏,导致孩子们知识视野的狭窄;枯燥无趣的教育内容难以点燃孩子们对学习的乐趣……志愿者们从中筛选出孩子们成长过程中普遍存在的11个成长议题,比如孩子自制力差、内向不与人交流、同学间常发生冲突等,针对问题编写故事。小学版故事围绕"成长疗愈、品格哲理、人物励志、知识视野、机智冒险、校园学生、童话神话"等七大类别开展,初中版则突出了"青春成长、价值养成、人文通识"等主题,字数总量超过300万字。

(资料来源:歌路营官网,《中国慈善家》2015年第5期《"新一千零一夜",是美梦的开始》,有删减。)

启示

歌路营基于中国农村寄宿留守儿童的痛点问题进行不断探索,挖掘其背后孩子对心理、情感等方面的需求,创造性地提出了以"睡前15分钟故事温暖和疗愈孩子心灵"

的方案,并形成了独特的公益创新产品"新一千零一夜"。创意解决方案的产生并不只是灵光乍现的结果,而是基于广泛的调查和研究,依靠团队和利益相关者的力量共创的结果。其中,专业的知识背景、"拆旧融新"的创造力、贴近用户需求的个性化设计与服务是该项目成功不可或缺的重要因素。

1. 从上述案例和启示中找出3个引起你关注的词语或句子?为什么会引起你的关注?这让你联想到了什么?

_____
_____
_____
_____

2. 该案例中创意方案的哪些方面让你有耳目一新的感觉?歌路营是怎样做到的?

_____
_____
_____
_____

3. 请尝试用除文字以外的其他表达方式记录你的想法。

课前活动 9点连线

学习目标

(1) 体验和感悟"格子外"思维的重要意义;
(2) 理解格子外思维的内涵。

活动实践

工具包
A4纸,水彩笔,便利贴。

时间计划及步骤(8~10分钟)
本活动在教室内根据不同场景以模拟创业团队为单位组织开展活动。每个团队到老师处领取 A4 纸,每人 1 支彩笔。

场景一:画图连线闯关 1(2～3 分钟)。

在规定的时间内,按照右图在白纸上画出 9 个点。要求用 1 笔、4 条线段把 9 个点连起来,线与线之间不得断开。最先完成的同学做分享。

场景二:画图连线闯关 2(1～2 分钟)。

在规定的时间内,尝试用 1 条直线将 9 个点连接起来。最先完成的同学做分享。

场景三:画图连线闯关 3(1 分钟)。

在规定的时间内,尝试用 1 点将 9 个点连接起来。最先完成的同学做分享。

反思与回顾(4 分钟)。

刚才的 9 点连线问题,其思考过程是怎样实现的?当我们尝试连线时,哪些观点影响了你?有什么关键性的因素能帮助你摆脱这种困惑?在平时的学习和生活中与之类似的情景有哪些?此次实践活动对你未来的生活和学习有何启示?

活动感悟(记录下你内心深处的真实想法)

我听到了:_____

_____

_____

_____

_____

我看到了:_____

_____

_____

_____

_____

我的感受及启发:_____

_____

_____

_____

_____

第五章 创意方案的产生

知识加油站

5-1 创造性思维与创意

创造性思维是创意产生的基础,创意是创造性思维的结果。

1. 创造性思维

在《辞海》中,"创造"被解释为"做出前所未有的事情"。在《现代汉语词典》中,"创造"被解释为:"想出新方法、建立新理论、做出新的成绩或东西。"在学术界,在不同领域,人们对创造的表述种类繁多。

创造性思维是指突破传统思维和认知范畴,从新的视角产生解决方案的思维。常规思维就是在已有框架内的思考方式;而创造性思维则突破常规思维的限制("格子外"思维),思考的范围更加宽泛,思考的方式也更加发散。创造性的思维方式更有利于打破固有的形式状态和习惯,创造异于常规的创新的事物。创造性思维具有以下特征。

(1)突破性。突破性体现为创造者突破原有的思维框架,从更宽泛的视角、新程序、新步骤进行思考。

(2)思路的新颖性。不盲从、不满足现有的方式或方法,表现出首创性和开拓性。

(3)视角的灵活性。善于换个角度看问题,能突破传统思维框架束缚,多维度、多视角重新解释信息。

(4)程序的非逻辑性。创造性思维通常是跳跃性、出人意料、不按逻辑顺序思考问题。

(5)内容综合性。科学技术发展史证明,在前人思维成果基础上进行综合、梳理也是一种创造。

运用创造性思维的最大阻力来自惯性思维,也称思维定势。常见的思维定势有从众型思维定势、书本型思维定势、经验型思维定势、权威型思维定势等。

2. 创意

一个好的创意会让人眼前一亮,这源于创造性思维的求异性。创意是一种具有新颖性和创造性的想法。作为名词的"创意"是指新颖的构思和创造性的意念;作为动词的"创意"是指从无到有产生新意念的思考过程。创意常常由灵感诱发形成想法和念头。一个好的创意具备如下特点:新奇、简单、实用、与众不同、能使人眼前一亮、令人久久难忘。达到什么程度才叫新呢?

考夫曼和罗纳德把创造性思维的结果——创意分为4个级别[1]。

(1)微创意:在生活和学习的过程中,对个人经历或某些现象做出新的解释或者发

---

[1] 孙洪义.创新创业基础[M].北京:机械工业出版社,2016:73-74.

现了其中细微的新颖之处。例如,许多写作和绘画的创意,局限在学习、理解、体验和认知阶段。微创意属于创意的初级阶段,还不能构成新产品的解决方案和创业机会。

(2)小创意:解决日常生活问题的创意。每个人都在日常生活中有为解决问题而产生新想法的经历,例如用牙签/餐巾纸碰触电梯按钮,用燕尾夹当手机支架等。

(3)专业创意:在工作领域提出具有专业水准和实际应用价值的创意,例如感应洗手装置、无线充电器、无耗材空气净化器等。绝大部分创意、发明和创新驱动型的企业都属于具有一定专业水准的创意。

(4)重大创意:可能引起重大发现或发明,具有深远历史影响的创意,例如蒸汽机、汽车、电话、计算机、互联网/移动互联网、卫星、宇宙飞船、无人驾驶车等可以影响人类社会历史发展进程的创意。

创造性思维、创意、创造在日常生活中常常具有关联性。它们之间的关系是:创造性思维产生创意,创意产生思路(创造性思维),创造产生作品或服务。

✍ **学习随笔**

_____
_____
_____
_____
_____

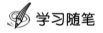 **创意设计大比拼**

学习目标

(1)体验创造新事物的过程和感受;
(2)明确创造性思维方式的重要性。

活动实践

工具包

便利贴,彩色不干胶小圆贴,水彩笔。

时间计划及步骤(8~10分钟)

本活动在教室内以模拟创业团队为单位共同完成。每个团队到老师处领取便利贴、水彩笔和1张彩色不干胶小圆贴。

步骤一:创意沙发设计(4分钟)。

团队成员离开座位找到合适的墙面。从网上搜索一张盛开的荷花图片,根据图片

第五章 创意方案的产生

中的元素,产生联想并设计创意沙发。要求用"创意产品名称+简图"的方式在便利贴上呈现创意产品并张贴在墙面空白处。

步骤二:游学(2~3分钟)。

各团队留一名同学在作品展示处,其余团队成员移步到其他团队创意设计墙面参观学习;各团队拍照分享作品集。

步骤三:投票选出"最佳创意设计"方案(2~3分钟)。

各团队将彩色不干胶小圆贴贴在该团队认为最具创意的设计方案旁;根据投票结果选出"最佳创意设计"作品。

活动感悟(记录下你内心深处的真实想法)

我听到了:_____

我看到了:_____

我的感受及启发:_____

知识加油站

5-2 创造性的思维方式

创造性的思维方式是从创新思维实践活动中总结、提炼、概括出来的具有方向性、程序性的思维模式。创造性的思维方式主要有以下几种。

1. 发散思维与收敛思维[①]

(1)发散思维是对同一问题从不同层次、不同角度、不同方向进行探索,从而提供新结构、新点子、新思路或新发现的思维过程(图5-1),具有流畅性、灵活性和独特性的特点。思维发散的形式包括用途发散、功能发散、结构发散和因果发散等。采用发散思维,尽可能多地从多角度提出解决问题的办法,为下一步聚焦最佳方案提供丰富的素材。

(2)收敛思维是将各种信息从不同的角度和层面聚集在一起,重新进行组织和整合,实现从开放自由状态向封闭的点进行思考,追求相同目标和结果的思维过程(图5-2)。采用收敛思维需要对发散成果以目标为核心对原有知识从内容到结构有目的地进行评价、选择和重组,而非简单地排列组合。

这两种思维从方向上是互逆的。收敛思维所产生的设想和方案通常多数都是不成熟或者不切实际的,因此,必须借助收敛思维对发散思维的结果进行筛选,得出合理可行的最终方案或结果。

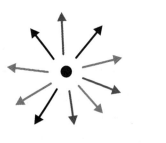

图5-1 发散思维

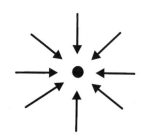

图5-2 收敛思维

2. 正向思维与逆向思维

(1)正向思维是按常规思路,以时间发展的自然过程、事物的常见特征和一般趋势为标准的思维方式,是一种从已知到未知来揭示事物本质的思维方法。正向思维具有如下特点:在时间维度与时间方向上一致;处理效率高,能取得好的效果;认识符合统计规律的现象,能发现事物的本质等。

(2)逆向思维是为了实现创造过程中设定的目标,跳出常规,改变思考对象的空间排列顺序,从反方向寻找解决办法的一种思维方式。逆向性思维在各种领域和活动中都适用。

这两种思维互相补充、相互转化。

3. 求同思维与求异思维

(1)求同思维是指在创造活动中,把两个或两个以上的事物联系在一起,进行"求同"思考,寻求它们的结合点,然后从这些结合点中产生新创意的思维活动。例如,在

[①] 周苏.创新思维与方法[M].北京:机械工业出版社,2017:72-74.

欧洲中世纪,活版印刷机的发明采用了"求同思维",在综合了硬币打印机和葡萄压汁机的长处,经多次实验的基础上获得了成功。

(2)求异思维指对某一现象或问题,进行多起点、多方向、多角度、多原则、多层次、多结果的分析与思考,揭示表象下的实物本质,从而获得富有创造性的观点、看法或思想的一种思维方式。例如,无绳电熨斗的发明,是根据熨烫操作的平均时长重新设计了充电槽,最终实现无绳熨烫。

4. 直觉思维和图解思维

(1)直觉思维是指未经逐步分析而迅速地对解决问题的途径和答案做出合理反映的思维,如猜测、预感、设想、顿悟等。爱因斯坦在大学的大部分时间都在实验室里做实验,从实践中获得直接经验。这些经验使他从前人著作中吸取合理的思想,抛弃其错误观点,形成自己大的相对论体系。直觉思维是由过去长期积累的知识和辛勤劳动逐渐在头脑中搭起的一座从已知到未知的桥梁。因此,在某种现实情境触发产生一瞬间的直接反应。但是直觉思维往往不完善、不明确,有时是错误的,要将其与逻辑思维结合起来。

(2)图解思维是一种"用眼睛看"的思考工具,通过插画、图形图表、表格、关键词等把信息传达出来,帮助人们有效地分析和理解问题,寻求解决问题的方案。这是一种创造性的、有效的整理思路的方法,可以帮助人们把大脑中的信息提取出来,用图画的方式表达出来。通过该方法,人们可以将很多枯燥的信息高度组织起来,遵循简单、基本、自然的原则使其变成彩色的、容易记忆的图。[1] 图解思维有如下优势:用视觉化方式解决问题的整个过程;通过呈现内容、梳理信息、优先排序等,来发现问题、风险、漏洞,从而找到合适的解决方案;转换视角,全面地来看待问题或事物。

5. 联想与想象

在创意设计过程中,联想和想象的作用至关重要。

联想是从一个事物跳跃地想到另一个事物,以及想象那些并不存在的事物的能力,更是一种根据已知的实物、概念或现象,想到与之相关的事物、概念或现象的思维方式。联想可以是沿着一定的方向进行,如横向、纵向、关联,也可以是跳跃性的,任何两个看起并不相关的事物都可以以联想作为媒介发生联系。例如,木头—树林—田野—足球场—皮球/天空—土地—水—喝—茶,这其中蕴含了不同事物之间的必然联系。例如,将爆破与治疗肾结石联想到一起,医生由定向爆破高层建筑联想到医治病人的肾结石。医生经过精确计算,让"炸药"的分量小到恰好能炸碎病人肾脏里的结石,又不影响病人的肾脏本身,于是采用微爆破技术的治疗手段帮助很多肾结石病人解除了病痛。

---

[1] 周乐.思维风暴[M].沈阳:辽海出版社,2019:151-174.

人类的实践证明了拥有想象力的重要性。爱因斯坦也说过:"想象力比知识更重要。"想象是人在头脑中创造一个念头或画面的活动,是打破僵化模式和狭隘生活途径的一种方法,具有新奇、跨越界限的特点。

学习随笔

课堂活动 超市购物车改造

学习目标

(1)体验自由畅想产生创意的局限性;
(2)明确借助科学方法产生创意的必要性。

活动实践

工具包

便利贴,水彩笔。

时间计划及步骤(8分钟)

本活动在教室内以模拟创业团队为单位共同完成。每个团队到老师处领取便利贴、水彩笔。

步骤一:自由畅想产生创意(3分钟)。

各团队选择教室内空间宽敞的空白墙面位置。将现实中超市购物车功能、形状等方面可进行改造的想法写在便利贴上,然后贴在墙面上向其他小组成员分享。要求在规定的时间内追求创意数量最大。

步骤二:反思与回顾(2分钟)。

各团队拍照分享创意设计方案。在创意产生的过程中,你使用了哪些思维方式?影响创意数量的因素有哪些?

步骤三:分享(3分钟)。

投票选出3个团队向全班同学分享自己的观点。

活动感悟(记录下你内心深处的真实想法)

我听到了：_____
_____
_____
_____
_____

我看到了：_____
_____
_____
_____
_____

我的感受及启发：_____
_____
_____
_____
_____

知识 加油站

5-3 创意产生的技法

创意产生的技法是对创造性思维的内在规律加以总结归纳，形成有助于方案产生或问题解决的技巧或科学技术方法。在创意解决方案设计过程中，对技法的应用非常关键。常用的技法有以下几种。

1. 头脑风暴法

头脑风暴法由亚历克斯·奥斯本于1939年首次提出，并于1953年在《应用想象》一书中正式发表。头脑风暴会议适合5～10人参加，基本规则如下。

(1)切勿离题：每一次讨论要紧紧围绕确定的主题展开，否则无法收敛。

(2)依次发挥：每次一个人发表观点，其他成员认真倾听。

(3)延迟评价：对参与者提出的观点不做现场评判，因为所有的想法都有可能成为好想法或者能够启发他人产生新的想法。

(4)鼓励大胆畅想：创造轻松愉快的研讨氛围，鼓励天马行空、异想天开甚至是荒唐的想法。

(5) 追求数量：强调在规定的时间内完成数量更多的创意，因为如果追求创意的质量则会影响新方案的提出以及思路的开拓。

(6) 借"题"发挥：在他人观点的基础上得到启发，获得灵感，提出更实际的方案。

(7) 视觉化呈现：将想法用图的方式画出来张贴在墙壁上，因为图可以更加形象地帮助团队成员沟通和理解。

头脑风暴法分为一般头脑风暴和结构化头脑风暴两种方式。优点：充分体现集体智慧、共创创意成果；轻松愉快的氛围容易产生更多的创意。局限性：体现在团队成员间若存在矛盾、权威专家参与、会议失控等会抑制新创意的产生。

2. 奥斯本检核表法

检核表法是美国学者亚历克斯·奥斯本创立的一种发明创造技法。其基本内容是围绕一定的主题，将有可能涉及的有关方面罗列出来，设计成表格形式，逐项检查核对，并从中选择重点，深入开发创造性思维。用以罗列有关问题供检查核对用的表格即为检核表。奥斯本利用检核表的方法提出了很多的创意技巧，后被美国创造工程研究所从中选择了9个项目进行归纳总结，编制了《新创意检核表》。这种建立在创意检核表基础上的创造技法，被称为"奥斯本检核表法"。它又被称为检查单法、对照表法、分项检查法。由于该方法通用性强，并且包含了很多创造技法，故有"创新技法之母"的美誉。其核心是通过变化来改进原有产品外形、功能、结构等。

奥斯本在研究和总结大量近现代科学发现、发明、创造事例的基础上归纳总结得出了该技法，是对现有的事物，从9个维度对需要解决的问题逐项核对、设问，运用联想、类比、组合、分割、移花接木、异质同构、颠倒顺序、大小转换、改型换代等思维方法，是寻找解决问题的多种答案、推动变革、不断创新的方法（表5-1）。

表5-1 奥斯本检核表法

序号	检核项目	含义
1	能否他用	现有的事物有无其他的用途；保持不变能否扩大用途；稍加改变有无其他用途
2	能否借用	能否引入其他的创造性设想；能否模仿别的东西；能否从其他领域、产品、方案中引入新的元素、材料、造型、原理、工艺、思路
3	能否改变	现有事物能否做些改变，如颜色、声音、味道、式样、花色、音响、品种、意义、制造方法等；改变后效果如何

续表

序号	检核项目	含义
4	能否扩大	现有事物可否扩大适用范围；能否增加使用功能；能否添加部件；能否延长它的使用寿命,增加长度、厚度、强度、频率、速度、数量、价值等
5	能否缩小	现有事物能否体积变小、长度变短、重量变轻、厚度变薄以及拆分或省略某些部分(简单化)；能否浓缩化、省力化、方便化、短路化
6	能否替代	现有事物能否用其他材料、元件、结构、力、设备力、方法、符号、声音等代替
7	能否调整	现有事物能否变换排列顺序、位置、时间、速度、计划、型号；内部元件可否交换
8	能否颠倒	现有的事物能否从里外、上下、左右、前后、横竖、主次、正负、因果等相反的角度颠倒过来用
9	能否组合	能否进行原理组合、材料组合、部件组合、形状组合、功能组合、目的组合

3. TRIZ 理论

生活中经常会遇到所谓的"萝卜白菜各有所爱"的问题。当土地面积有限制时,有人爱吃萝卜,有人爱吃白菜,怎么办？常规的解决方案可能是各种一半,或者让其中一些人妥协。有没有更好的办法找到最优解呢？萝卜有用的部分是地下的部分,而白菜有用的部分是地上的部分。TRIZ 理论解决问题的思路是将有用的部分结合起来,去除无用的部分。即种植一种具有白菜叶和萝卜根的蔬菜,以使两个需求均得到最大化满足。

TRIZ 是"发明问题的解决理论"俄文单词的首字母缩写。它基于技术的发展演化规律研究整个设计与开发过程,成功地揭示了创造发明的内在规律和原理,让发明创造不再是随机的行为。实践证明,运用 TRIZ 理论,可大大加快人们创造发明的进程而且能得到高质量的创新产品。苏联发明家根里奇·阿奇舒勒和他的同事们根据 TRIZ 理论系统总结了 40 个技术系统的创新原理(表 5-2),用于解决技术领域里的发明问题。

表 5-2　TRIZ 理论的 40 个创新原理

序号	发明原理	序号	发明原理
1	分割	21	减少有害作用的时间(快速通过)
2	抽取	22	变害为利

续表

序号	发明原理	序号	发明原理
3	局部质量改善	23	反馈
4	增加不对称性	24	借助中介物
5	组合(合并)	25	自服务
6	多功能性(多用性、广泛性)	26	复制
7	嵌套	27	廉价替代品
8	重量补偿	28	机械系统替代
9	预先反作用	29	气动与液压结构
10	预先作用	30	柔性壳体或薄膜
11	预补偿(事先防范)	31	多孔材料
12	等势	32	颜色改变(改变颜色、拟态)
13	反向作用	33	同质性(均质性)
14	曲率增加(曲面化)	34	抛弃和再生
15	动态特性	35	物理或化学参数改变
16	未达到或过度地作用	36	相变
17	空间维数变化(一维变多维)	37	热膨胀
18	机械振动	38	强氧化剂
19	周期性作用	39	惰性环境
20	有益(效)作用的连续性	40	复合材料

学习随笔

拓展阅读

1. 空气洗手？ 脑洞也能成为现实

"洗手必须用水,换作用空气行不行?"受这个"古怪念头"启发,浙江大学7名本科生已研发成功"空气洗手装置":将手放在水龙头下方,通过红外线感应,水龙头内喷出雾状水滴和高速气流,洗手的效果与水洗无异,但用水量可以节省90%。

在日常生活中,我们的双手常常会沾染上很多不同程度的脏东西。据统计,一双未洗过的双手上最多会有80万个细菌。所以我们从小都会被家长教育要养成常洗手的好习惯!可我们不知道的是,在洗手的过程中其实对水的利用率是非常低的,更多的水资源会被浪费掉!

2014年,浙大能源工程学院本科生李启章和同班同学陈濮阳在学校饭堂洗手时突发奇想,用水洗手多浪费啊,能不能用空气流替代水流?一般人可能不会再去多想这个问题。但是,对于学习流体力学的陈濮阳和李启章来说,却是个不错的点子。查资料,请教老师,因为要用到多方面的知识,他们又找了其他专业的同学,研究和开发团队最终由7名来自不同专业的学生组成。

"我们用水来冲洗手上的各种污渍,发现95%的水都用于冲走污渍,只有5%的水用于溶解污渍。如果我们用空气来冲洗手的话,手上的污渍则无法溶解。所以我们决定用水喷雾来弥补空气的缺陷。用这个方法,污渍能被水溶解然后被空气带走。"李启章解释道。

经过一年的研究实验,他们提出来重力驱动洗手装置,此装置耗水量极少。当使用者站在洗手装置前的踏板上时,踏板由于人体重力而下沉,通过滑轮组牵引活塞挤压空气获得高速气流,令水龙头喷出水雾来。团队还通过显色反应和细菌残留实验来测试该装置。实验证明用空气洗手的效果和那些用水洗手的效果并无差异。

"空气洗手装置"于2015年9月在第二届"全球重大挑战峰会"学生日竞赛中,被评委们称为"一个绝妙创意",击败了来自麻省理工学院、剑桥大学、香港大学等14所全球著名高校的参赛团队,以最高分获得金奖。目前该团队持有"空气洗手装置"的4个专利,并计划继续改进设备、走向商业化,在节约能源和城市建设过程中发挥作用。

2016年10月,"绿之源节流计划——空气洗手"项目荣获第二届互联网+大赛金奖,同时喜获大赛唯一的最佳创意奖。

(资料来源:浙江大学官方网站,"网易号"文章《浙大学霸发明洗手装置让空气也能洗手,获全球挑战峰会唯一金奖!》)

思考

(1)灵光一闪的创意对最终产品的开发意味着什么?有哪些影响因素?起主导作

用的因素是什么?

（2）除了灵感以外,还有哪些促使创意产生的方法？为什么选择阅读和避障作为痛点问题?

（3）该案例对你有何启发?

学习心得

_____
_____
_____
_____
_____

2. 运用 TRIZ 理论创新原理的生活实例[①]

（1）可调百叶窗。人们使用的传统幕布窗帘只能拉上或拉开,因此光线要么太强要么太暗。使用可调百叶窗,只要调节百叶窗叶片的角度,就可以控制外界射入的光线的强弱。

这是利用 TRIZ 的 1 号创新原理——分割法:"提高系统的可分性,以实现系统的改造"的典型实例。

（2）多格餐盒。将一个餐盒分割成多个间隔,在不同的间隔中放置不同的食物。这种构造避免了食物之间的彼此"串味"。

这是利用 TRIZ 理论的 3 号创新原理——局部质量改善法:"让物体的各部分,均处于完成各自动作的最佳状态"的典型实例。

（3）强化复合实木地板。居室装修时,人们不是直接使用纯实木来做地板,而是使用耐磨性好的强化复合实木地板。

这是利用 TRIZ 理论的 40 号创新原理——复合材料法:"用复合材料来替代纯质材料"的典型实例。

（4）推拉门。为节省空间,人们发明了推拉门,开门时直接把门推进墙内的空隙,而不是把门推到外面或里面占据较大的空间。

这是利用 TRIZ 理论的 7 号创新原理——嵌套法:"把一个物体嵌入另一个物体"的典型实例。

---

① 殷月竹,许峰. TRIZ 创新原理在日常生活中的运用[J].中国校外教育.高教(下旬刊),2015(Z2):542.

第五章 创意方案的产生

(5)手术前器具摆放。手术前先将手术器具按顺序排好。

这是利用TRIZ理论的10号创新原理——预先作用法:"预先安置物体,使其在最方便的位置,不浪费运送时间"的典型实例。

(6)用拨子弹奏乐器。人们借助拨子这个中介物来弹奏乐器,动作精准且不伤手指。

这是利用TRIZ理论的24号创新原理——借助中介物法:"使用中介物实现所需动作"的典型实例。

(7)解雇员工方法。现在,人们已经发现了一种最有效的解雇员工的方法:就是不要把解雇的时间拖得太长。如果解雇的过程是有条理的,并且能够快速执行,那么就可以大大减少对员工的创伤。

这是利用TRIZ理论的21号创新原理——快速通过法:"将危险或有害的流程或步骤在高速下进行"的典型实例。

学习心得

1. 请尝试列举出10个生活中常见的实物,并运用TRIZ理论进行分析。

_____
_____
_____
_____

2. 以上实例对你有何启示?你的行动计划是什么?

_____
_____
_____
_____

3. 智能社交手套

网络搜索并阅读第二届中国"互联网+"大学生创新创业大赛金奖项目:E-chat聋哑人社交手套。哪些场景或文字引起了你的关注?为什么?与E-chat相比,你认为目前的大学生活还可以做哪些努力和尝试?

学习心得

_____
_____

行动与实践

5-1 头脑风暴

确定一项主题:"如何解决……?"采用头脑风暴法进行创意实践活动。要求:

(1)以模拟创业团队为单位,自主选择有空白墙面、空间开阔的教室等适合的场地。

(2)主题来源:根据行动与实践4-2定义的问题,结合所学专业领域、社会实践调查研究项目、日常生活场景等观察有关产品或服务。

(3)按照头脑风暴的规则进行团队共创,并投票产生1~2个创意解决方案,要求技术可行、有真实需求。

(4)将个人观点的关键词写在便利贴上,并粘贴在墙面上。

(5)整个讨论过程用视频形式进行记录,讨论成果物(整个墙面)并拍照分享。

实践反思

5-2 随身物品创意方案

运用创造性思维及创意产生的技法改造手表(或其他自己选定物品):设计一块不戴在手腕上的表。思考:如果改变手表零部件的位置会有哪些可能性?能产生哪些功能呢?要求:

(1)以模拟创业团队为单位开展实践活动;

(2)要求提交5个以上创意方案,并说明创意的产生使用了哪些思维方式及技法;

(3)整个讨论过程用视频形式记录,讨论成果物并拍照分享。

第五章 创意方案的产生

实践反思

认知与成长

1. 我的"第一次"备忘录

快快盘点一下,到目前为止你已经突破了多少次。为自己鼓一下掌吧!继续努力吧!

我的"第一次"

(1)

(2)

(3)

(4)

(5)

2. 我的认知重构

请根据知识加油站的资料内容,通过图书查阅、期刊阅读、网络搜索等途径对下列知识点进行梳理,并结合实践体验概括总结形成自己的认知。

(1)"创造性思维、创意内涵"之我见。

(2)如何提升大学生的创造性思维能力?

▶ 本章小结

世界经济飞速发展、科技日新月异,主要源于各个领域的创业者们创造性地解决问题。创意解决方案的产生与创造性思维密切相关。人类所创造的成果,就是创造性思维的外化与物化。我国著名数学家华罗庚说:"人之可贵在于能创造性地思维。"

创造性思维不是与生俱来的,而是后天经过认真思考、培养锻炼出来的。同学们应树立创新意识,增强创新愿望和动机,激发好奇心和求知欲,在实践中运用创造性思维方式以及创意产生的技法,不断提升创造性思维能力,为创造美好幸福的生活贡献自己的智慧。

第六章 原型设计与测试

【观点】创新创业其实就是一场又一场的试验,需要大胆假设、小心求证

想象中的"事实"与真实的情况往往相差甚远。许多初创公司花费了大量的时间、精力和金钱研发的产品,最终多以失败而告终,因为用户根本不需要或者不愿使用。假如能够在大规模投入之前,向用户求证之前的假设是否成立并根据反馈灵活调整,那么,一切将会被改写。要么"快速、廉价地失败";要么得到肯定后,继续挖掘用户需求并迭代优化,在验证中不断学习、成长。这种创业方法论同样也适用于未来人生的创造过程。

学习导读

有了好的创意,是否可以马上着手进行大规模投入生产或推广了呢?是不是幻想着有许多用户非常喜欢这样的创意?想到用户看到解决方案的一瞬间发光的眼神,还有发出的惊叹,不要高兴得太早,应该先自问:用户是否认同创意方案?能解决痛点问题吗?会为方案埋单吗?有没有其他替代方案可供选择?有没有性价比更高的新方案?尽管创意方案看起来很不错,但还只是一个假设,还需要到用户中进行快速、低成本测试,不断地收集用户反馈的信息并快速迭代,从而做出真正满足用户需求的产品。初创企业在不断测试、迭代中学习和成长是一种在不确定环境下的成长方法论。

本章学习内容

主要包括:深入了解创意方案原型设计与测试的本质及意义;了解精益创业核心理念及行动逻辑;掌握原型设计及测试方法的应用。通过本章的学习,学习者体会并理解创新创业活动不是一蹴而就的,需要持续不断地测试、迭代和创新。测试的目的是向用户求证痛点和需求假设的真实性,根据真实的用户需求不断完善创意解决方案。因此,创新创业活动的成果是为了满足客户的真实需求,是一种动态需求探寻的有效工具。

本章学习目标

态度目标

(1)持之以恒的信念;

(2)提升自我效能的人生态度;

(3)树立正确的失败观。

能力目标

(1)能够使用至少1种原型设计工具,与他人共同完成创意方案原型的设计与制作;

(2)能够与他人共同完成创意方案原型的线上、线下测试,并根据测试反馈意见进行两次原型制作的迭代。

知识目标

(1)能够清晰地描述原型制作和测试的必要性;

(2)能够结合本章实践阐述对失败的看法。

引导案例

歌路营公益产品的测试与迭代

创业伊始,歌路营走访了十多个省的上百所农村寄宿学校,发现学生们课余生活匮乏、与外界信息隔绝、视野局限,简陋的、类似军事化管理的宿舍使之缺乏归属感,一天到晚的学习让学生厌学,以及过早的住校带来的心理不适应。团队成员们越来越深刻地体会到,单调而匮乏的住校生活是农村寄宿留守儿童成长中最突出的困境。第一款公益产品"新一千零一夜"睡前故事应运而生,通过为每一个农村寄宿儿童的宿舍播放儿童睡前故事,从心智层面开阔视野,陪伴和抚慰其心灵,又从生理层面帮助睡眠,促进身体的健康成长。从"新一千零一夜"睡前故事到WHY视频课程、校园环境美化等多个产品,在5年中进行了多轮试测、效果评估和产品迭代。

1. "新一千零一夜"睡前故事的测试验证

2013年3月,歌路营正式在重庆29个区县选取32所学校开始试点,并同时随机选取两所学校的439名学生(其中235名住校生),分为干预组和对照组,进行了为期一年的监测评估,得到了积极反馈。

反馈1:深得学生喜欢。巡访老师回访时问孩子们最喜欢学校生活的哪些内容,很多学生都说最喜欢的有两个:第一是集体过生日,第二是睡前听故事。

反馈2:引发内心共鸣。作为留守儿童的一个六年级女孩听完故事后在学生意见簿写道:"小青虫很像我,很孤单,没有人陪。但是我在学校有朋友,就很幸福。"

反馈3:改善睡前行为。有两所学校的宿管老师说:学生们以前睡前会磨蹭,现在很多同学会快速收拾完等着听故事,尤其是当老师说准备听故事了,孩子们会快速做好准备。而且,以前总要反复查寝让学生安静,现在熄灯后比以前安静多了。

反馈4:促进阅读写作。一位二年级的语文老师说:在课上听到学生用一些比较陌生的词,就问学生怎么学到的。学生说是晚上的故事里说的,而且她班里有学生在六月份的小作文中就用到了故事的素材。一位四年级的语文老师发现下午放学后他们班的住校生看书的人比以前多了。

2. 快速迭代1:新一千零一自助芯

2014年,歌路营在广西、湖北、四川的4个县18所农村寄宿制中心小学走访中发现,留守儿童的心理困境问题非常突出:孤独不合群的占63.8%;负面情绪明显且难表达的占47.3%;想家、适应性差的占41.7%;容易自卑、自责的占13.7%。寄宿制学校面临着三大困境:①学生心理健康问题和影响缺乏关注;②老师工作量大,心理师资匮乏;③留守寄宿儿童的心理教育内容空白。与此同时,现有教育资源一时难以回应需求,几千万农村留守、寄宿学生的成长,正面临着巨大的情感和心理挑战。为解决这些问题,公益产品"新一千零一自助芯"产生。

2014年自助芯已完成行动:12大类学生问题研究界定;53个疗愈故事开发;在多所学校开展心理辅导实践,搜集个案20例;15个在线视频设计实验。2015年2月,歌路营根据调研发布《中国农村住校生调查报告》。

3. 快速迭代2:新一千零一微课堂

歌路营在调研中发现:农村学校的孩子与信息化资源绝缘、未来融入信息社会的鸿沟巨大,于是决定继续探索解决方案以解决农村在线教育难的问题。

项目开始前存在很多疑问:参与调研的校方会如何看待在线教育?孩子们对这种教育形式有需求吗?内容会受到孩子们的欢迎吗?使用在线类设备如PAD,老师们能接受吗?什么形式最能嵌入学校?可否实行学生对设备的自主管理?使用游戏会对学习效果产生什么样的影响?……

歌路营先快速做出了产品概念演示文档和一个6分钟的样片,带着它们去拜访了五六所农村寄宿学校。没想到当即就有四所学校愿意一起开展试验。在得知用户基本诉求后,又快速开发出一套包括30多个微课、心理故事视频和最"简陋"播放体系的产品,在学校里开始进行了多轮测试,"新一千零一微课堂"公益产品研发成功,从而实现了公益产品的不断迭代。

(资料来源:歌路营2013—2016年度报告,Aha社会创新学院"Aha利器之精益创业MVP[来自歌路营的分享]"。)

启示

歌路营针对中国农村留守寄宿儿童的痛点问题,以"新一千零一夜"睡前故事项目为切入点,从最小可行性产品开始,尽快地"创建"原始产品形态,并递送到用户手中,直观看到顾客是怎么真实使用的,以"测试"方案是否有效而非闭门造车。基于用户反馈确定下一步的行动:是继续优化,还是进行关键性的调整(详细测试过程可关注微信公众号"Aha 社会创新学院",搜索 Aha 利器之精益创业 MVP[来自歌路营的分享] 2016-2-05 查看)。歌路营通过一次又一次的测试与评估,不断调整与迭代产品和服务,最终发现在中国农村学校中什么样的产品是有效的,从而形成了"多场景、多时段、多媒介、多元内容"的校园综合心理和成长干预系列产品体系。

1. 歌路营设计的第一款产品为什么是"新一千零一夜"睡前故事,而不是"新一千零一自助芯"或"新一千零一微课堂"?他们是怎样对用户验证最初的假设的?

_____
_____
_____
_____

2. 歌路营的这种做法有何好处?对你有何启示?

_____
_____
_____
_____

3. 请尝试用除文字以外的其他表达方式记录你的想法。

课前活动 纸飞机的创意原型设计

学习目标

(1)体验和感悟创意方案测试和迭代的重要意义;
(2)理解创意原型设计的内涵和本质。

活动实践

工具包

A4 纸,一元硬币(自备)。

时间计划及步骤(10 分钟)

本活动在教室内以模拟创业团队为单位组织开展。每个团队到老师处领取 2 张 A4 纸,每个团队自备一元硬币 1~2 枚。

步骤一:创意纸飞机设计(3 分钟)。

在规定时间内,每个团队利用 A4 纸制作纸飞机。要求:飞机上要夹带 1 枚一元硬币(不得使用胶带、胶水等粘贴),外观要新颖。

步骤二:创意方案大比拼(5 分钟)。

每个团队派一个代表上台参加比赛,飞机飞行直线距离最长且硬币不掉落的小组获胜。

步骤三:活动反思(2 分钟)。

最初的想法和最后的结果差距大吗?如何发现创意设计存在的问题?中间做了哪些改进?

活动感悟(记录下你内心深处的真实想法)

我听到了:_____

_____

_____

_____

我看到了:_____

_____

_____

_____

_____

我的感受及启发:_____

_____

_____

_____

知识加油站

6-1 创意方案的原型设计

创意仅仅是一个萌芽,要把创意培育成创新产品需要一个过程。首先,要把创意清晰地表达出来并了解、获取用户的真实感受。例如,创意将给用户带来哪些预期的体验?当用户拥有了创意产品之后有什么样的表现和感觉?什么样的设计能让人们愉快地使用这个产品?是否易于操作与维护?用户将为拥有它感到自豪吗?可以试着做一个简单的模型来展示创意。

将头脑中的创意通过一定介质和形式在物理世界中可视化地呈现出来,其结果就是原型。原型不是实物物理模型的概念,而是一种代指,所有由想法演化而成的可被感知和用来测试的东西都可以叫作原型。[①] 原型可以采用多种形式,包括手绘的草图或者精致的线框图,这些图形都能呈现思考过程。

1. 原型设计的意义

(1)探索和实验。原型本质上是一种测试工具,探索功能或方向,验证创意方案设计者的想法。搭建一个简单的原型,只需要具备最基本的信息或功能。

(2)学习和理解。很多时候用户并不知道自己想要什么,直到你把它放在面前。通过可视化的原型展示提升沟通效率,学习他人的见解、理解他人的观点。

(3)用户测试和体验。原型可以与用户直接接触,可以持续地收集更真实的接触和使用体验,为优化未来的设计提供依据。

2. 原型的类型

所有的创意都可以进行原型制作,无论是创意产品、服务,还是一种消费体验。越抽象的东西越需要更直观、更清晰的可感知的东西去呈现。原型可以是墙面上的便利贴、手绘草图、视频、场景再现等。按照呈现的形态不同,原型可分为以下几类。

(1)实物原型:可使用简单的材质,如废旧纸、快递包装箱、塑料袋、空瓶、水杯及身边唾手可得的任何材料制作,也可以使用3D打印笔、3D打印机制作。其优点为取材便利、成本低、呈现效果清晰明了。其缺点为粗糙、不关注细节。实物原型适用于要求精度不高的创意表达。

(2)图式原型:可以是手绘或借助绘图软件绘制的草图,也可以是以故事情节串联的故事板草图。其优点为内部结构描述详细、画面感强。其缺点为对绘制技术及技巧、软件使用有一定的要求。图式原型适用于手机、计算机、平台界面设计以及创意产

---

① 张凌燕.设计思维-右脑时代创新思考力[M].北京:人民邮电出版社,2015:276.

品内部结构呈现的创意表达。

（3）视频原型：即在特定场景下拍摄的视频，可通过动画、VR 等形式展示。其优点为动态呈现、视觉冲击强，呈现效果质量高，容易引发共鸣。其缺点为拍摄制作费时、费力，有一定的技术要求。视频原型适用于强调动态呈现效果的创意表达。

（4）场景原型：可以采用现场示范、角色扮演、体验活动等方式表达创意方案。其优点为生动形象、直观、互动性强、体验感强。其缺点为成本相对较高，需要用户参与、配合。场景原型适用于体验服务等创意的表达。

目前有很多原型设计工具，主要有以下几类：交互原型工具、手机原型工具、网页原型工具、静态原型工具、动态原型工具（组件和页面交互）等。常用的在线原型界面设计工具如摹客 RP、Axure 等，可以方便、快速、形象地进行创意表达。

学习随笔

___

___

___

___

___

___

___

课堂讨论　微信功能快速迭代之谜

学习目标

理解精益思维对用户测试的意义。

阅读材料

2010 年 11 月 19 日，张小龙在腾讯微博上写下了一句话：我对 iPhone5 的唯一期待是，像 iPad（3G）一样，不支持电话功能。这样，我少了电话费，但你可以用 kik（手机通讯录的社交软件）跟我短信，用 google voice 跟我通话，用 facetime 跟我视频。20 日，腾讯微信正式立项。一年零八个月之后，微信 4.2 版本发布，张小龙关于 iPhone5 的所有狂想都在微信上得以实现。下面简要回顾微信从 1.0—4.0 版的开发历程。

微信 1.0 版的诞生很大程度上是受到了 kik 的启示。在新的移动互联网平台上，必将出现相应的移动通讯工具。它很可能成为 QQ 在移动互联网时代的强大竞争对手,腾讯必须开发一款移动通讯工具。尽管开发速度惊人,仅用了2个月,但微信1.0免费模式并不受欢迎。因为以省短信费为卖点的类kik产品,在中国完全没有出路。

微信1.2版本遭遇遇挫。人们在有限的载体上没有耐心进行深度阅读,对图片的消费量会达到一个空前的程度。微信1.2的主体功能变成了图片分享。然而数据冷酷地证明了用户对手机图片分享没有兴趣,根本无法构成一种基本需求。

微信2.0是第三次尝试。从用户在手机上输入内容的便利性出发,微信2.0将产品重心完全投入了语音通讯工具。版本迭代后,新浪微博每分钟就出现一条关于微信的搜索结果,这确立了微信2.0快速流行和传播的基调。

微信3.0独辟蹊径。微信此时已经初步明确了产品方向,依托用户基础,提供了"查看附近的人"和"视频"功能。"查看附近的人"成为微信的爆发点,从此微信开始使用QQ邮箱和腾讯自身资源,进行推广,用户突破2000万人大关,产品日新增用户以数十万的量级增长,确立了对竞争对手的绝对优势。

微信4.0推出"朋友圈",建立手机上的熟人社交圈,开放API(应用程序接口),打造移动社交平台。微信4.2推出视频通话功能,从此,微信确立了移动互联网时代塑造人们生活方式的产品地位。因为微信提供的已经不再是单纯的通讯服务,而是移动互联网时代的新生活方式。

(资料来源:https://www.huxiu.com/article/2067.html,《张小龙:微信背后的产品观》,有删减。)

思考

阅读上述材料,以团队方式开展讨论:

在微信产品开发的各个阶段,张小龙团队对用户需求预判的基本假设是什么?这些假设是如何得到验证的?为什么微信的版本迭代很快?

学习心得

知识加油站

6-2 创意方案的原型测试

创业的过程本质上是在充满不确定性的情况下进行产品或服务创新。初创企业并不知道产品应该是什么样的、用户又在哪里。创业者通常觉得新产品会非常受欢迎,所以花费巨大精力,在各种细小的问题上进行打磨。产品推到市场后,消费者很残酷地表示不需要。这意味着如果没有市场需求,产品要尽早停止生产,以低成本试错。

1. 精益创业的核心思想

精益创业(lean startup)是指以最小成本、最短时间,验证商业想法的创业方法。与粗放的创业相比,精益创业具有简单、低成本试错、快速迭代等特点,能缩短研发周期,避免不必要的资源浪费。其核心思想包括:不用等待完美,迅速将创新的想法变为极简、可感知的原型——最小可行性产品(minimum viable product,MVP),以最快的时间呈现给用户,基于用户反馈进行优化调整。

MVP 包含两个要素:最小和可行。最小,即以最低的时间成本和经济成本、最简化的功能实现来完成产品开发。可行,即产品需要有完整的需求考量、舒适的用户体验和商业可行性。

2. 验证最小可行性产品的过程

MVP 验证过程:①设计 MVP,即针对"天使"用户设计一个最小的产品集合;②将 MVP 投入使用,进行测试与数据收集,并将数据和预设的目标进行比较;③从中获取认知,学习和迭代,用最快的速度获取认知,放弃一切无益于认知的功能。

对此,埃里克·莱斯提出了精益创业"开发—测量—认识"反馈循环概念[①](图6-1),在循环中把总时间缩至最短。

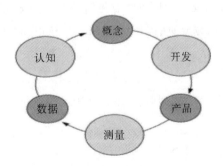

图 6-1 精益创业反馈循环

---

① 莱斯.精益创业[M].吴彤,译.北京:中信出版社,2012:75.

需要注意的是:MVP只针对早期的"天使"用户,这类用户对产品有更高的容忍度,能够看到产品的未来,用户愿意互动,一起改进产品;在产品或服务功能上,建议把想象中的产品砍成两半,再砍成四半,才可能达到真正的最小功能组合。可见,MVP在用户和新产品或服务上都选择了最小的切入点。

在用MVP验证创意方案基本假设的过程中,关键点之一就是用最快的速度获取认知,同时放弃一切无益于认知的功能。换句话说,MVP要求在用户上聚焦于"天使"用户,在产品功能上也聚焦于最小级别的产品功能,这是MVP的核心。

3. 验证最小可行性产品的方法

常用的验证MVP的方法有以下几种。

(1)用户访谈。向用户求证产品是否能满足假设的需求;对产品各项功能的需求满足程度进行排序。需要注意的是,访谈的用户是"天使"用户,访谈的目的是验证假设而非向其推销产品。

(2)播放产品介绍视频。一段高质量介绍视频的价值则不可估量。最著名的例子就是专业同步网盘公司Dropbox在验证MVP时发布视频介绍了产品的各项功能,注册用户一夜之间从5000暴增到75000,当时的Dropbox甚至连实际的产品都还没有。

(3)投放广告。投放广告是验证市场反应及态度的有效方法。创业者可以通过平台网站将广告投放给特定的人群,通过网站监测工具收集点击率、转化率数据等用户对于早期产品的反馈,分析和判断哪些功能最具吸引力。

(4)社交平台。创业者通过微信、QQ、微博等平台可以很容易在目标群体中验证自己的想法,通过与用户的双向的交流可以在MVP开发过程中及时收集用户的反馈意见。

(5)众筹。众筹网站为测试提供了很好的平台。创业者发起众筹后根据支持率及众筹进度判断用户对产品的态度。此外,还可以接触到对产品十分有兴趣的早期用户,因为他们的口口相传以及持续地反馈意见对于产品的成功至关重要。

此外,还有A/B测试、登录页、碎片化的MVP、SaaS(软件即服务)、PaaS(平台即服务)、预售页面等测试方法。

(资料来源:《15种方法验证最小化可行产品(MVP)》,http://blog.csdn.net/A_blackmoon/article/details/100876981?spm=1001.2014.3001.5501,有删减。)

学习随笔

_____

_____

拓展阅读

1. "火箭发射式"创业与"精益"创业

美国生鲜 O2O（online to offline，线上到线下）企业 Webvan 在没有看到用户时，就烧掉 4000 万美元建了一个仓库，之后的扩张也是大手笔，直到 2001 年倒闭，烧掉了 12 亿美元。这成为美国创业史上灾难级的失败。

Webvan 希望用机器人来代替所有人工的分拣，用机器人来实现全自动配送。整个仓库系统的软件全部是内部开发的，花费大概 1600 万美元；光仓库里的电线就花了大概 500 万美元。但是极为先进的仓库系统存在最大的问题是什么呢？就是这个仓库的配送系统永远找不到需要它的用户。Webvan 从 1999 年 6 月开始接收第一个订单，到 2001 年 7 月接收最后一个订单，每接一个订单就亏损大约 130 美元。有一名记者采访了创始人鲍德斯："在 Webvan 这种灾难性的失败之后，你认为有什么经验教训值得吸取？"鲍德斯回答说："我不认为我们做错了什么，做公司就像发射火箭一样。发射之前，你需要把可能想到、可能遇到的每一件事都想清楚，你不可能在火箭升空的过程中再去给它添加燃料。"Webvan 的破产，引发了整个硅谷对"火箭发射式"创业思维的反思。

亚马逊在 Webvan 破产 7 年之后，静悄悄地进入了在线生鲜杂货行业，负责这块业务的部门叫作 Amazon Fresh。他们吸取了 Webvan 的很多教训，走了一条与 Webvan 完全相反的道路。亚马逊作为当时最大的在线零售商，以它的体量，完全可以在全美快速地复制这个部门的做法，大规模地铺设供货网络乃至整个仓储系统，但是亚马逊没有这么做。它选择了对新的科技、新的生活方式接受度最高的城市——西雅图，从西雅图单点切入，进入生鲜杂货行业。亚马逊一开始并没有覆盖西雅图的所有居民，覆盖的仅仅是几个居住密度最大的高端小区，以减少配送的压力。

这个模式测试 5 年之后，亚马逊才开始进入第二个城市——洛杉矶。2012 年 Amazon Fresh 进入洛杉矶，同样不是进入整个城市，只是覆盖几个小区。几年过去了，这个模式还在不断测试。8 年之后，这家公司还没有进入第三个城市，其业务范围还是只停留在西雅图和洛杉矶。

对 Amazo Fresh 业务的分析可以发现两个事实。

第一，使用 Amazo Fresh 的必须是付费的高级会员。亚马逊先用缴纳 299 美元年费的方式过滤出"天使"用户，这些"天使"用户对购物环节有着极大的痛点，因此对亚马逊提供的这项服务有极高的需求。即使这一部分用户非常少，但是他们的黏度非常高，亚马逊在这群用户中进行了产品服务验证和测试。结果表明，这批人有两个重要特征:①这批人的痛点是如此之痛,以至于对解决方案高度苛求,能够容忍初始解决方案的不完美;②一旦解决方案对他有作用,他有很强的传播力。

第二,同样的商业模式,同样的创业热情,当你有不同的创业方法论时,可能会产生截然不同的结果。

(资料来源:https://weibo.com/p/1001603867351484385671;美国生鲜电商Webvan失败和亚马逊的成功,https://www.hishop.com.cn/dy/sz/19069.html;有删改。)

思考

(1)该阅读材料中两种创业模式背后的思维逻辑有何不同?

(2)试用精益创业理论分析亚马逊成功的经验。

(3)Amazon Fresh项目的原型是什么?

(4)该案例对你有何启示?

学习心得

2. 今夜酒店特价:创业要学会假设自己的想法是错的

创意转变成商业价值,这是一个需要探索的过程,就好像在迷雾中打靶一样,看不到目标。在这一团迷雾当中,"今夜酒店特价"倒下了。

任鑫是"今夜酒店特价"的联合创始人,2011年和搭档进行创业,搭建了特价尾房销售平台"今夜酒店特价"App(应用程序)。2013年建立了后台运营团队,但不到年底就支撑不住了:他裁掉了整个团队,解散了公司的大部分人力。2014年1月,"今夜酒店特价"正式被京东集团收购。

"今夜酒店特价"的商业模式特别简单:酒店每天晚上会有房间卖不掉,卖不掉的房间空着也是空着,也浪费了。于是平台App便宜买下这些房间,然后通过手机软件"今夜酒店特价"售卖这些房间,赚取中间差价。因为酒店在下午6点钟以后会有大量的空房,如果还剩下50间房,而晚上只有20个客人入住,就会造成至少30间房的闲置。所以任鑫希望通过低折扣拿下这些房,然后再通过App销售给客户。

任鑫去酒店谈,只卖6点钟以后卖不掉的房间;用低价策略吸引对价格敏感的用户,平均价格做到携程的 5~7 折;用户使用"今夜酒店特价"App 支付房费。关于合作酒店的数量,任鑫学习了 Hotel Tonight 的方式,先只开通北、上、广、深 4 个城市的业务,每个城市都只放出 10 个酒店,然后通过进一步巩固关系和以低价格签订合作佣金等方式增加酒店数量。

任鑫大张旗鼓地去做宣传,包括发动许多大 V(网络名人)朋友帮忙转发推广。以至于在"今夜酒店特价"App 第一版产品上线的第二天,其下载量就冲到排行总榜的第二名,超越了 QQ 和水果忍者。各大媒体都在讨论这款 App,还获得了包括央视在内的 200 多家媒体的报道。舆论上的成功使任鑫瞬间就有了 100 万用户。

任鑫还以颠覆者的形象出席各种大会,上了《福布斯》,进了各种榜单。任鑫还预想,自己的 App 会一飞冲天。然而回到家里,看到当天的业绩只卖了 23 单,一共赚了 300 元,这些钱还不够给自己一个人发工资。任鑫意识到自己的预想破灭了。

头两个月任鑫一直在纠结是不是支付平台的问题,不断地和各个支付平台谈合作。但是最后发现,原因是 2011 年用户还不习惯手机支付。根据调查,用户提到"今夜酒店特价"不会觉得这是一个好用的 App。相反,这个 App 留给他们的印象是酒店选择太少、支付程序不方便、程序设计太丑。尽管任鑫也发现了创业初期的很多错误,很快便有了后来的几次优化版本,但这款 App 却已经"得罪"了大部分的用户。知名度足够大,但是美誉度却没有跟上来。在产品没有做好之前,拿相对不太成熟的版本上线只能是浪费资源。

一开始任鑫就认为,这是一个好点子。商业模式也被验证过是成功的。任鑫访谈过用户,也向行业大佬咨询过,甚至他自己也有一个移动互联网做得比较久的团队,觉得技术方面没有问题。只要用户提出一个需求,团队就能想到一个绝妙的方法满足需求,然后就一步步、一个个需求地来做。

在解决这些需求时,任鑫还做了大量假设去验证。比如,测试用户在手机上支付房费是否有问题,问了支付宝,支付宝说没有问题;测试用户每天在手机上支付几万单预付款是否很难,为此任鑫还去请教了做团购的团队,团购用户的反馈表明每天在手机上支付 1 万单也没问题。

其实,当时任鑫一直处于一个不确定的中心——用户需求不确定、解决方案不确定、自己的能力也不确定。同时还面临着用户需求是猜的、没有验证的,自身能力没有稳定过等问题。

创新往往就是这样,整个市场处于一团迷雾当中,谁也不知道往哪个方向走。在这一团迷雾当中,怎么才能找到真正的需求在哪里、解决方案在哪里?

商业机会在哪里,谁也不知道。但是可以一小步、一小步地去试,然后调整大的方向。试的过程中,或许就能找到这个机会。这个机会有可能在迷雾中找到,但在灯火通明的世界是看不到的。

任鑫:"如果说要总结自己的经验教训,我想说:要学会假设自己的想法是错的。"

这样就会更虚心地去试,考虑多种可能性。"我很喜欢的科幻小说《三体》里有一句话非常经典:无知和愚蠢不是生存的障碍,傲慢才是。两年来,我的决策一半都是错误的,未来,我也不可能避免犯错误,但是我能做到的是,尽量减少错误的成本。原本一个失误烧掉1000万,现在我希望损失几万块就能够回头。小规模实验,大范围推广。"

(资料来源:龚焱,精益创业方法论.[M]北京:机械工业出版社,2015:143;《今夜酒店特价:创业要学会假设自己的想法是错的》,https://mp.weixin.qq.com/s?src=3&timestamp=1688545276&ver=1&signature=ppqifJOrKF3uALk2x1Zt1AFYOyvBbnLIKrdfsmf6jRDM4r7IAOsjCj4qveIVN4HODIklgeDKN4HXX4UdNVq4ZPnbxILnqjPmSpWDbANF4j8ZcCZvsmupDwAwIgxTRMeN5ueAK0SD5ERxHWjZstpr3DGkh5h8SHT6nmtbSScsA8g,有删改。)

思考

(1)为什么"今夜酒店特价"App上线第二天就会大火?
(2)任鑫定义问题和解决方案的假设是什么?按照精益创业理论应如何验证?
(3)该案例对你有何启示?

学习心得

---

3. 视频学习

请自行通过网络搜索有关"姚彦慈开发Eatwell辅助餐具,为失智症患者找回独立尊严"的视频或资料,了解她开发Eatwell餐具的过程。

学习心得

1. 她在项目准备阶段做了哪些原型尝试?她是如何借助原型去验证老年人需求的?

2.如果姚彦慈不做用户测试,直接生产餐具会怎样?

3.以上案例对你有什么新的启发?你还能找到哪些成功的创业案例?

行动与实践

6-1 设计你的产品原型

根据行动与实践 5-1 得到的创意解决方案,请设计出目标产品的原型,并请写出你进行了哪些思考与行动。

要求:

(1)以模拟创业团队为单位完成共创。

(2)原型设计呈现:利用身边可获取的材料,包括且不限于纸、包装箱、胶水、剪刀等材料和工具,将创意产品以实物形式呈现;可以通过平台、网站、UI 等需利用软件、手绘草图、视频制作等的方式去呈现。

(3)设计过程请用视频记录,团队所有成员需出现在视频范围内,剪辑后视频时长为 20 分钟左右。

实践反思

6-2 产品原型的测试

根据行动与实践 6-1 原型产品设计,选择通过社交平台、实地用户访谈等可行的方式进行用户测试,具体见表 6-1、表 6-2。

要求:

(1)将创意产品以软文+图片的形式发到微信朋友圈、QQ 空间或微博等平台,收集反馈意见撰写市场测试报告,根据用户反馈修改创意解决方案,形成 2.0 版本。

(2)采用实地用户访谈方式进行用户测试:提前准备访谈提纲;访谈时需要向用户呈现创意产品原型;认真记录用户反馈意见;根据用户反馈修改创意解决方案,形成 3.0 版本。

(3)用视频记录用户访谈过程,团队所有成员需出现在视频范围内,剪辑后视频时长 20 分钟左右。

(4)做出"放弃"或"继续完善"的最终决策,并说明理由。

表 6-1 市场测试报告(线上调研)

序号	报告项目	调研结果
1	创意产品原型设计 1.0 方案(图片+文字)	
2	测试渠道的选择(微信、QQ 或微博等)及其原因	
3	热点评论比(评论人数/朋友圈人数)	
4	热点回复关键词(从多到少顺序排列)	
5	热点评论客户属性(性别、年龄、职业、行为等)	
6	用户实际需求	
7	创意解决方案修改计划(2.0 版本)	

表6-2 市场测试报告(实地用户访谈)

序号	报告项目	调研记录
1	创意产品原型设计2.0方案(图片+文字)	
2	访谈提纲	
3	拟访谈对象、时间、地点	
4	热点回复关键词(从多到少顺序排列)	
5	热点评论客户属性(性别、年龄、职业、行为等)	
6	用户实际需求	
7	创意解决方案修改计划(3.0版本)	

实践反思

认知与成长

1. 我的"第一次"备忘录

经过前面积累的实践经验,现在的你已经成为"敢闯"的小能手了吧？但也可能遇到了很多困难,坚持一下哦!

我的"第一次"

(1) _____

_____

_____

(2) _____

_____

_____

(3) _____

_____

_____

(4) _____

_____

_____

(5) _____

_____

_____

2. 我的认知重构

请根据知识加油站的资料内容,通过图书查阅、期刊阅读、网络搜索等途径对下列知识点进行梳理,并结合实践体验概括总结形成自己的认知。

(1)"原型制作和测试"之我见。

_____

_____

_____

_____

(2)通过原型制作与测试体验,我是这样看待失败的。

_____

_____

▶ 本章小结

俄国作家伊万·屠格涅夫说:"如果我们总在等待绝对的一切就绪,那我们将永远无法开始。"所以行动力才是第一生产力,原型或最小化可行性产品设计和测试只是一个"战前的磨刀"过程。创业过程中最大的忌讳就是爱上自己的想法,而不是爱上用户的需求。创业者可通过产品测试不断地获取知识、理解内容、获得反馈,在反馈中改进、优化产品,接受错误并勇于寻求改进,不断进行产品的更新迭代,从1.0版本到2.0到3.0……精益创业的方法论,还可以用在创业以外的创造人生上。

每个人的未来之路最终都由自己把控。成功道路有千千万万条,没有一个万能的模式可以直接套用。大学生作为创业者要将自己的小想法进行快速测试、不断反馈、快速迭代,让自己"长"成你"想要"的样子!

第七章 价值创造的商业逻辑

【观点】 创业成功的要素之一是创造一种动态、可持续的价值增长模式并快速复制

"物竞天择、适者生存"是自然界的生存法则。历经物种之间、生物内部之间的相互竞争,物种与自然之间的抗争,能适应自然者会被选择存留下来。创业与之相似,在不确定的环境中实现价值增长是组织生存的前提。价值创造背后的商业逻辑就是商业模式。管理学大师彼得·德鲁克说:"当今企业之间的竞争,不是产品之间的竞争,而是商业模式之间的竞争。"探索一种逻辑自洽、与环境匹配的个性化商业模式,是决定创业者能否创业成功的关键所在。

学习导读

通常,公司价值创造的核心逻辑是"垫付成本→创造产品或服务→销售产品或服务→获取收入→获取利润(或亏损)"。如果获取的收入大于垫付的成本,公司就能获利,才能够得以继续生存和发展。获利的深层次原因是公司能创造出满足用户需求的产品或服务,同时用户有意愿、有能力为此买单。仔细观察,Uber(优步)没有出租车,却是市场上最大的出租车公司;国际著名的民宿短租网 Airbnb,没有一家酒店,却是全球最大的酒店出租方,比任何一家连锁酒店集团都大……这些公司连产品都没有,其生存之道是什么?这就是创新商业模式的力量。学习商业模式的设计,创业者不仅可以衡量创业想法能否真的落地实施,更重要的是还可以学习借鉴该商业思维来为自己未来的人生制定发展规划。

本章学习内容

主要包括:了解商业模式的内涵;了解画布框架结构、构成要素含义及相互的逻辑关系;掌握画布工具的使用技巧。通过本章的学习,学习者可以理解公司的生存之道源于产品或服务创新或者商业模式的创新;体验使用画布工具设计商业逻辑的全过程;运用画布的逻辑思维规划自己的人生。

第七章 价值创造的商业逻辑

本章学习目标

态度目标
(1)有意愿与利益相关者一起创造价值；
(2)积极主动设计未来人生。

能力目标
(1)能够使用商业模式画布工具,清晰地描述一个组织生存背后的商业逻辑；
(2)能够使用精益创业画布工具为团队的创业想法设计商业模式,并判断下一步行动方向；
(3)能够使用个人商业画布的逻辑思维和相关工具完成人生规划设计。

知识目标
(1)能够清晰地表述对商业模式要素及框架的自我认知；
(2)能够阐述自己对生涯规划必要性的看法。

引导案例

东方甄选崛起背后的商业逻辑

2021年7月,国家"双减"政策出台,这对于所有校外辅导机构来说都是毁灭式的打击。曾经的各大教培企业巨头开始纷纷自救。而新东方作为教培行业的头部企业也开始了转型之路。随着短视频平台兴起,无论是网红、明星、品牌都开始直播带货,直播带货成为了风口,仿佛是流量变现的密码,因而新东方老板俞敏洪基于自己农民之子的身份,也在第一时间考虑农产品销售这个行业,因此东方甄选应运而生。

隔行如隔山,做教培、做老师,新东方是顶尖的,但做直播带货,却是个"新兵"。选品、寻找供应链、搭建直播间、设计直播话术等都是问题,并且从老师转型为卖货商,会被很多人说成"赚快钱"的庸俗商人。因此新东方的转型刚开始时,很多人是来看笑话和嘲讽的,用户根本不买账。

主播董宇辉的长相一度成为被攻击的方向,专业能力更没法得到施展。董宇辉的直播是非常感性的,来直播间的人很多可能不是来买东西的,但一定是来听他说话的,他会跟你聊古代先贤的思想,他会跟你说农作物的浪漫,他会跟你讨论人生哲理,他会跟你讲自然万物,他还会"回归老本行"式地教大家学英语。仅在说话的间隙中,插上一句"下方X号链接,大家记得购买",这个时候,大家才会想起原来这是一个卖货直播间,于是乎被刚刚感性的氛围影响着,大家纷纷下单购买,商品秒空。东方甄选转型成功背后的商业逻辑是什么呢?

1. 创造价值

东方甄选助农直播创造的社会价值包括：帮助农民解决农产品推广和销售难题,

助力农业数字化转型;教培机构转型直播卖货能创造更多的企业价值;使用双语知识做直播带货,用优质内容为顾客提供了知识价值;创新为新东方员工转型成为"老师主播"提供契机。

2. 资源整合

俞敏洪传奇经历和二次创业逆袭的励志故事,易获得平台的流量加持;名师主播资源带来优质内容资源;新东方在教培行业尤其是英语教育行业积累的核心客户资源;"绝望中寻找希望"的企业家精神和企业文化资源:这些资源整合在一起能发挥出更大价值。

3. 客户需求

"有料、有趣、有用,然后,真诚一点"的定位极大地满足了客户的需求。东方甄选的目标用户主要是有学习需求的城市年轻群体和城市中产家庭的家长。直播环节注重双语、知识、文化方面的讲解,将客户需求与直播内容、售卖高品质产品紧密结合,用户群体的黏性增强,使之更易买单。

4. 盈利模式

东方甄选采取免坑位费、高定价、助农佣金和农业公司佣金差异化的盈利模式,在兼顾履行社会责任的同时也实现了企业盈利;在低利润率的情况下,更致力于靠规模取胜。

5. 合作方式

东方甄选目前在产品供应链中主要负责引流,发货和售后由品牌方负责。目前,东方甄选正在优化供应链管理体系并发力打造自有品牌。其与顺丰及京东物流达成合作,未来将在北京、广州等5个城市建立自营产品仓库。

(资料来源:王荣.商业模式创新案例研究——以东方甄选农产品双语直播为例[J].上海商业,2023(01),8-10,有删改。)

启示

任何一个公司的存在都不是孤立的,所有的利益相关者共同编织了一张彼此依存、彼此增值的"生态价值网络"。在公司的商业版图中,创业者必须能清晰地回答:目标是什么、核心价值是什么、为谁提供产品或服务、提供什么样的产品或服务、如何提供、与谁合作、我有什么、如何盈利等要素,并且理顺各要素之间存在的逻辑关系。只有各个要素间的逻辑自洽且具有独特性,公司才能在行业竞争中立足。

1.请尝试分析东方甄选为什么可以在直播带货的风口取得成功。

第七章 价值创造的商业逻辑

2.一套好的商业模式是多赢的。东方甄选在设计这套商业模式时,涉及的企业利益相关者有哪几方?

3.你认为东方甄选的这套商业模式是否能够永远持续下去?为什么?

4.该案例对你有何启示?

课前活动 公司生存之道大探秘

学习目标

(1)通过活动了解商业模式存在的必要性;
(2)理解公司生存的底层逻辑及其影响因素。

活动实践

工具包

便利贴,水彩笔。

时间计划及步骤(10分钟)

本活动在教室内由同学们以模拟创业团队为单位组织开展。

步骤一:确定研究对象(1分钟)。

各团队成员离开座位,找一个靠近墙面的位置,在便利贴上写下一个自己感兴趣或熟悉的公司名称,将便利贴贴在墙面上;各团队投票选定一家公司作为研究对象。

步骤二:探秘生成之道(5分钟)。

各团队通过网络搜索确定该公司的主要业务、目标客户群及其特征、与竞争对手相比为客户提供的产品或服务满足了用户的哪些需求、如何跟客户接触并沟通、核心竞争优势、收入来源以及盈利情况等内容。

步骤三：讲故事（1分钟）。

各团队分享：为什么该公司可以在激烈的市场竞争中生存下来？

活动感悟（记录下你内心深处的真实想法）

我听到了：

我看到了：

我的感受及启发：

知识加油站

7-1 价值创造的核心逻辑——商业模式

创业者的一个重要任务是探索并建立与商业机会相匹配的商业模式。国际著名管理咨询公司埃森哲的研究人员把商业模式定义为"创造价值的企业核心逻辑"。简而言之，商业模式是一种利益相关者的交易结构，描述公司如何创造价值、传递价值和获取价值的基本原理。

商业模式涉及三个基本问题:如何为用户创造价值? 如何让企业获取价值? 如何在企业和用户之间进行价值传递?

1. 如何为用户创造价值

任何一个运营正常的公司都有自己的商业模式。公司首先要明确:用户为什么购买你的产品或服务而不选择其他竞品? 因为用户购买的其他同类产品或服务不能满足他们的特殊需求。例如,用户之所以购买东方甄选直播间的产品,是因为厌倦了电视购物般的直播带货方式。东方甄选的主播能快速地把人带入知识的海洋,体验广博的生命价值观的震撼。用户在满足消费需求的同时抚慰了浮躁的情绪,让心灵寻一方天地得以慰藉。一种购买行为的背后,隐藏着另一种购买需求,甚至这种隐藏的购买需求背后还隐藏着一种或多种更隐秘的需求。只有挖掘到目标更深层次的需求,找到能触动目标用户情感、引起内心共鸣的点,即用户从你的产品或服务中得到预期的收获,才能实现公司的价值主张。

2. 如何让企业获取价值

企业在为用户提供价值的同时,必须使自己获取价值,因为这是可以让企业持续为用户提供产品和服务的前提。企业要想获取价值,至少考虑两个问题:收入来源及结构、成本结构。

(1)收入来源及结构。在多元化经营的今天,企业获取收入的途径往往有许多,企业主要依靠的某个渠道获得收入,即主营业务收入,这往往也决定了企业的性质。例如,哔哩哔哩网站 2022 年财报显示:增值服务、广告、游戏、电商及其他是其四大主营业务。其中增值服务和广告是其营收增长的主要动力,收入分别同比增长 26% 和 12%;游戏业务受版号等影响,仍处在下行通道,全年及四季度均出现下降。①

(2)成本结构。企业要明确自身的成本是如何构成的,包括租金、薪酬、采购成本、管理费、广告费等直接和间接成本。成本结构取决于商业模式所需要的关键资源成本。

除此以外,企业获取价值的多少还取决于利润水平和资源利用的程度。

3. 如何在企业和用户之间进行价值传递

交易是商业的本质,前提是用户能感知到产品或者服务的价值并且对其产生信任。价值需通过一定的渠道和形式传递。价值传递有三个层次:①通过渠道建设传递产品。把产品输送到渠道,继而带到用户身边,才能实现产品的使用价值,并转化为销售利润。②通过媒介传播打造品牌,逐步提升认知度、美誉度、忠诚度,并且在品牌不断升级的过程中,及时有效地传递给受众群体。无论是广告投放、企业自媒体,还是终端店面,都是品牌价值传递的重要媒介。③通过业务团队活化品牌。品牌是有温度的

---

① 数据来源:https://new.qq.com/rain/a/20230303A05DJP00。

人文符号,遍布全国的业务团队就是品牌价值的活载体,创业者可通过业务达成、用户维护等传递有血有肉的品牌形象和价值。

初创企业要在目标用户精准的前提下进行价值传递。首先要了解、契合用户的认知水平和价值感知的方式;其次,是选择恰当的场景,即用户已经准备好资金,正在寻求解决方案;最后,是适应目标用户的价值感知方式,要契合产品或服务的特点。例如,三只松鼠的"萌"文化,向消费者提供了前所未有的贴心服务。该企业以电商销售为切入点,采用了公众号+小程序+企业微信+社群的私域运营模式,在各平台之间相互进行引流,契合互联网原住民的行为特征;虚拟化的卡通形象以及"主人"的称谓契合了目标客户群中67.2%女性用户的心理需求。

学习随笔

课堂讨论 完美日记的价值传递

学习目标

理解商业模式要素渠道、通路及用户关系。

阅读材料

创立于2017年的彩妆品牌完美日记以惊人的成长速度发展。究其原因,与它的营销模式密不可分。完美日记最早是通过爆品策略在小红书等新媒体平台上打造爆品,然后慢慢扩充产品线以实现不断成长。如今完美日记已经顺利登陆二级市场,并发力线下门店,打造了完子心选、小奥汀等多个品牌。完美日记的崛起因素有以下几个方面。

(1)消费升级的大环境。尤其是平价人群的美妆消费需求持续升级。

(2)新消费人群(年轻人、学生群体)对国货的认同感不断增强。年轻群体没有以往对国货的偏见,还会因使用国货、中国产品而自豪。

(3)后端供应链的完善。该品牌用OEM/ODM之类的方式快速打造产品,创业

第七章 价值创造的商业逻辑

及产品推出的成本大大降低。

(4) 市场上小红书、抖音等新媒体渠道的兴起,为其带来了不少高流量、低成本的营销机遇。

完美日记的崛起是依托小红书、抖音等新媒体平台而顺势崛起的,而其诸如大量投放 KOL(Key Opinion Leader,关键意见领袖)或 KOC(Key Opinion Consumer,关键消费者)、构建庞大的私域流量等新营销打法,更是抓住了个体化的社交传播新机遇。根据完美日记招股书的相关数据,完美日记成立 3 年多,合作过 15000 名 KOL,私域流量人数 2350 万,社媒账号粉丝数 4800 万。

(资料来源:https://finance.sina.com.cn/stock/relnews/cn/2020 - 12 - 07/doc - iiznezxs5690854.shtml,有删改。)

思考

阅读上述材料,以团队方式讨论:

完美日记的目标客户群是谁?完美日记是如何找到客户的?又是如何将产品和品牌定位概念传递给目标客户群的?利益相关者是谁?完美日记成功背后的商业逻辑是什么?

_____
_____
_____
_____

知识加油站

7-2 商业模式创新工具——商业模式画布

商业模式画布是一种用来呈现、描述、分析商业模式的可视化工具。亚历山大·奥斯特瓦德在《商业模式新生代》一书中提出了商业模式模型这一概念,其包含九个要素:价值主张、客户细分、客户关系、渠道通路、重要伙伴、关键业务、核心资源、成本结构、收入来源。[①] 他认为通过这九个要素的组合就可以很好地描述并定义商业模式,清晰地解释企业创造价值的逻辑。并在此基础上发明了商业模式画布(business model canvas),使商业模式沟通有了一个通用的语言和工具(图 7-1)。

---

① 奥斯特瓦德,皮尼厄.商业模式新生代[M].黄涛,郁静译.会杰,审校.北京:机械工业出版社,2011:35

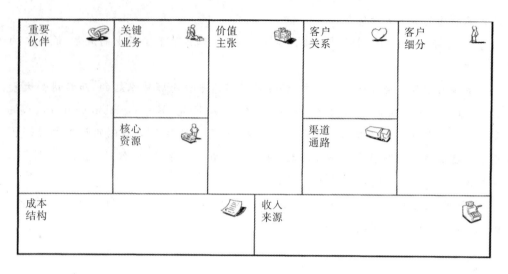

图 7-1 商业模式画布

1. 价值主张

价值主张就是客户选择创业者产品或服务的原因,每个价值主张都包含可选系列产品和服务,以迎合特定群体或客户细分群体的需要。简而言之,价值主张是从用户视角出发,一句话能说清"针对谁、解决什么痛点、提供什么服务",对客户的真实需求进行深入描述。常见的价值主张往往只有一句话,如累了困了喝红牛;农夫山泉有点甜;我的眼里只有你(娃哈哈);原来生活可以更美的(美的空调);牛奶香浓,丝般感受(德芙巧克力);晚报,不晚报,北京晚报;众里寻他千百度,想要几度就几度(伊莱克斯冰箱)。

分析价值主张时,创业者应思考以下问题:①我们正在满足哪些用户的需求?②我们正在帮助用户解决哪一类的难题?③我们正在给客户细分群体提供哪些产品与服务?④我们该向用户传递什么样的价值?

通常价值主张可以是定量的(如价格、服务速度),也可以是定性的(如产品设计、客户体验)。常见的价值主张要素视角具体见表 7-1。①

表 7-1 常见的价值主张要素视角

要素视角	价值主张
新颖	满足客户从未感受过和体验过的全新需求,市场上从未有过类似的产品或服务,通常但不完全与新技术有关
性能	改善产品或服务性能

---

① 祝海波.创新创业基础教程[M].南京:江苏凤凰美术出版社,2019:235.

续表

要素视角	价值主张
定制化	满足个别客户或客户细分群体的特定需求,近年来大规模定制和客户参与制作的概念尤为重要
把事情做好	通过帮客户把某些事情做好而创造价值
设计	设计是重要但又很难衡量的因素,在时尚和消费电子产品工业领域,尤其重要
品牌/身份地位	客户可以通过使用或展示某一特定品牌而发现价值
价格	以更低的价格提供同质化产品或服务
成本削减	帮助客户削减成本
风险抑制	客户购买产品或服务后,提供一定时间的免费维修服务
可达性	把产品或服务提供给以前接触不到的客户
便利性/可用性	使事情更方便或使产品、服务更易于使用

2. 客户细分

为更好地满足客户需求,创业者通常需将具有共同需求、共同行为或共同属性的客户进行分类,客户细分就是工具。

进行客户细分时,创业者应思考以下问题:①是否需要提供明显不同的产品或服务来满足不同客户群体的需求?②是否可以通过不同的分销渠道来接触不同的客户群体?③是否需要不同类型的关系来接触不同的客户群体?④不同客户群体的盈利能力是否存在本质的区别?⑤不同客户群体是否愿意为产品的不同方面付费?

3. 客户关系

客户关系即公司与细分客户群应建立何种关系。维护客户关系的动机是通过增加客户黏性、提高消费者满意度以提升客户消费水平。在分析客户关系时,创业者应思考以下问题:①客户希望建立何种关系?②公司已与客户建立了哪些关系(如潜在客户;普通客户;铁粉;产品代言人或传播者)?③客户关系维系需要哪些方式、投入多少成本?

创业者通常可以选择直接服务(包括个人助理、专门客户经理等)、间接服务(自助服务、自动化客服等)、邀请客户共同参与活动(社群、社区活动、共同创作等)的方式来维持与客户的关系。

4. 渠道通路

渠道是企业将产品或服务通过沟通、分销等方式向客户传递价值主张的通路。渠道通路是公司与客户接触的界面,在客户体验中扮演着重要角色。

创业者应考虑以下问题:①通过什么方式接触细分客户群体最有效果?②性价比最高的渠道有哪些?③如何提高渠道通路的效率?④如何整合渠道,使自己与客户的接触和沟通变得更加顺畅?

企业可以选择自建渠道和合作伙伴渠道。其中,合作伙伴渠道包括第三方合作伙伴渠道和混合渠道,来与客户进行接触。自建渠道包括自建在线销售平台和自建销售队伍;合作伙伴渠道则是使用合作伙伴的店铺、中间商和第三方平台等。

5. 重要伙伴

重要伙伴是企业重要的利益相关者,包括供应商、分销商、投资人等。合作关系通常有四种类型:非竞争者之间的战略联盟关系;竞合关系,即存在于竞争者之间的战略合作关系;为开发新业务而构建的合资关系;为确保可靠供应的供应商关系。

在分析重要伙伴时,创业者应思考以下问题:①谁是重要伙伴?②自己能从重要伙伴那里获取哪些核心资源?③合作伙伴都执行了哪些关键业务?④自己能为伙伴创造什么价值?

6. 关键业务

关键业务是创造和提供价值主张、接触市场、维系客户关系并获取收入的基础。关键业务也会因商业模式的不同而有所区别。

关键业务通常可以分为以下几类。

(1)制造产品。这类业务指设计、生产一定数量或满足一定质量的产品,具体包括设计、制造及运送产品等有关环节。这类业务活动是商业模式的核心。

(2)解决问题。这类业务指的是为个别客户的问题提供新的解决方案。咨询公司和其他服务机构的关键业务是问题解决。

(3)构建平台。网络服务、交易平台、所利用的软件,甚至品牌都可看成是平台。

在分析关键业务时,创业者应该思考以下问题:①企业自身的价值主张需要哪些关键业务?②企业自身的渠道通路需要哪些关键业务?③企业自身的客户关系如何?收入来源是什么?

7. 核心资源

核心资源是企业有效运转所必需的关键资源。核心资源一般有四种类型:实物资产:如生产设施、不动产、机器设备、线下门店等;无形资产:如品牌、专利或专有技术、版权、合作关系、客户数据等;金融资产:如现金、信贷额度、股票期权等;人力资源:能为企业创造价值、做出贡献的人才。

在分析核心资源时,创业者应考虑以下问题:①哪些资源能实现企业的价值主张需要?②哪些资源能构建企业的渠道通路?③哪些资源能帮助企业建立客户关系?④哪些核资源能确保企业的收入来源?

8. 成本结构

成本结构是企业运营引发的各部分成本的组成结构。运营的全部成本通常包括固定成本和变动成本两部分。

在分析成本结构时,创业者应考虑以下问题:①在商业模式中企业花费最大的固定成本是什么?②企业的直接成本有哪些?③企业的间接成本有哪些?④公司业务是受成本驱动还是价值驱动?

9. 收入来源

收入来源产生于企业成功提供给客户的价值主张。一个商业模式通常可以包含两种不同类型的收入来源:一是单次交易性收入;二是多次持续性收入。获取收入来源的方式,一般有资产销售、订阅收费、租赁收费、授权收费、广告收费、提供服务收费、佣金等。

在分析收入来源时,创业者应考虑以下问题:①什么样的价值能让客户愿意付费?②他们现在付费买什么种类的产品或服务?③他们是如何支付费用的?④他们更愿意如何支付费用?⑤每种收入来源占企业总收入的比例是多少?

一个好的商业模式并不是各种要素的简单组合,只有内部构成要素间存在必然联系并协调一致时,才能阐明企业创造价值、传递价值和获取价值的商业逻辑。创业者才能通过这种商业模式实现创业成功。

学习随笔

拓展阅读

1. 精益创业画布

精益创业画布是《精益创业实战》一书的作者阿什·莫瑞亚根据亚历山大·奥斯特瓦德的"商业模式画布"方法改良而来的。精益创业画布更适合作为创业团队初期梳理思路的工具。

(1) 精益创业画布框架。

精益创业画布将商业模式分割成九个相互独立的部分(图7-2)。

问题 最需要解决的三个问题	解决方案 产品最重要的三个功能	独特卖点 用一句简明扼要但引人注目的话阐述为什么你的产品与众不同、值得购买	门槛优势 无法被对手轻易复制或者超载的竞争优势	客户群体分类 目标客户
	关键指标 应该考核哪些内容		渠道 如何找到客户	
成本分析 获客成本、销售费用、固定成本、人力成本等			收入分析 盈利模式、客户终身价值、收入等	

产品　　　　　　　　　　　　　　　　　市场

图7-2　精益创业画布框架

(2) 精益创业画布的优点。

这种单页画布的优点包括以下几点。

①制作迅速。与撰写详细的商业计划书耗费较长的周期相比，创业者只需要几个小时就能在画布上大致描述出多种不同的商业模式。

②内容紧凑。精益创业画布要求创业者尽量做到简明扼要。假如有机会与投资人同乘一架电梯，创业者只有30秒抓住投资人的注意力；或者设想客户单击登陆创业者的主页，只有8秒的时间抓住他们的注意力。

③方便携带。把精益创业画布放在一页纸上便于创业者同他人进行分享和讨论，这意味着它的曝光率将会更高，能够不断得到修改，从而日趋完善。

(3) 画布的制作步骤。

①迅速起草一张画布。你作为创业者可能很想先在空画布上做无数的实验，但是不应该在第一版的画布上耗费太多时间，最多不能超过15分钟。制作画布是为了把你脑海里所想的东西迅速记录下来，然后再来确定哪个部分风险最大，最后再让他人来验证你设想的商业模式。

②有些部分空着也没关系。别总想着要琢磨或讨论出"正确"的答案，要么马上写下来，要么就留空。留空的部分可能就是商业模式中风险最大的部分，你应该先从这里开始进行验证。像"门槛优势"这样的部分可能需要多花点时间才能找到，所以目前

的最佳答案可能就是"我不知道"。不过这也没关系,画布本来就应该是很灵活的,可以随着时间的推移逐步完善。

③尽量短小精干。要想用一句话说清楚一件事情很难,用一段话则简单得多。画布的空间限制正好可以让你把商业模式的精华部分提炼出来。你的目标是只用一张纸来制作画布。

④站在当下的角度来思考。如果是写商业计划书,那你可能会花大力气来预测未来,不过预测未来是不可能的,你应该以非常务实的态度来制作画布,根据目前的发展阶段和掌握的情况来填写内容。想一想,下一步应该先测试哪些假设?

⑤以客户为本。亚历山大·奥斯特瓦德在他的书中阐述了各种寻找原始商业模式的技巧。不过,由于精益创业实战法本身就以客户为主要驱动力,因而在寻找原始商业模式时,只需要围绕客户做文章就足够了。很快,你将会看到,仅仅调整一下客户群体,商业模式就会出现翻天覆地的变化。

(资料来源:刘志阳.创业管理[M].上海:上海财经大学出版社,2016:55.)

思考

(1)商业模式画布与精益创业画布有何不同?
(2)精益创业画布的逻辑顺序是怎么样的?
(3)以上方法对你未来的实践有何启示?

_____
_____
_____

最想对自己说的话:_____

_____
_____
_____
_____

2. 个人商业模式画布

个人商业模式画布是从企业商业模式画布中演变而来的。你作为创业者可借助它拔高思维和认知的高度,去思考策略层面的事情。个人商业模式画布包含九个要素,具体见图 7-3。

重要伙伴 谁可以帮我	关键业务 我能做什么	价值主张 我怎样帮助他人	客户关系 怎样跟他人打交道	客户群体 我能帮助谁
	核心资源 我是谁 我拥有什么		渠道通路 怎样宣传自己、交付服务	
成本结构 我要付出什么			收入来源 我能得到什么	

图 7-3　个人商业模式画布

(1)核心资源:我是谁,我拥有什么。

我是谁,主要包括性格、价值观。

我拥有什么,主要包括兴趣、知识、技能、能力。

总之,在核心资源这个框内,尽可能把你拥有的资源要素都列出来。这些要素必须能够描述你这个人,能够把你与他人区分开来。

另外,在总结自身资源时,你会发现性格与价值观属于内心最深层的一面,它们是需要你不断自我反思,甚至是在发生一些冲突的时候,才能真正体会到的。

(2)关键业务:我能做什么。

如果你有明确的职业目标,比如你想做 HR,那就把 HR 的主要工作任务写在这里;如果你暂无职业目标,那就写当前的工作现状,想想你日常工作中主要做什么。

这里有几个要点需要注意。

①如果你写的是目标,建议目标不要离你太远。因为太远的目标(比如毕业十年后的目标),你可能根本不知道如何着手,而且过于遥远的目标,中途发生变化的可能性极大。所以,建议写未来三年内的目标即可。

但如果你确实有一个远期目标或者理想,那也可以从目标往回倒推,先确定三年内的目标,写在这张画布上。

②业务罗列不要太细,提炼出两三个重要词语就可以,如学习、社团活动、团队管理等。这是锻炼你结构化思维的一种方式,即把琐碎的工作事件归纳成为几个大的工作任务。

③无论目标还是现状,都要与画布其他要素的时间维度保持统一。如果你在关键业务里面写了两个版本:现状和目标,那就意味着,其他要素也要写两个版本,这样才能对应起来。不能出现"关键业务"写的是目标、后面又写成了现状这种情况。

(3) 客户群体:我能帮助谁。

这里包括内部和外部的人,即需要依赖你完成工作的人。内部的比如家人、团队成员等;外部的比如老板、客户。对于个人来说,你的客户构成略微有些复杂,假如你有课外兼职工作,老板、客户都包含在内;假如没有兼职工作,你可以将准备帮助的对象都视为客户。

(4) 价值主张:你为客户群体提供的价值是什么。

以手机企业为例,不同的企业为目标用户提供了不同的价值选择,如苹果手机为用户提供了极致用户体验,而小米手机突出的优势则是性价比高。类似地,作为创业者,当我们在为客户群体提供服务时,既要了解竞争对手的价值定位,也要有自己的价值定位。需要注意的是,价值主张与前面的关键业务是不同的。价值主张更多的是结果和影响,而不是具体的任务。

(5) 渠道通路:怎样宣传自己、交付服务。

经过前面几步,你盘点了核心资源、找到了客户,并通过关键业务奠定了价值主张基础。接下来的问题就是如何向客户传递价值。渠道通路包括如何宣传价值、卖出服务以及递交服务。

(6) 客户关系:怎样和对方打交道。

创业者跟客户打好交道、处理好跟客户的关系,也十分重要。比如,通过跟客户一起吃饭、打球等,建立关系;也可以通过社群来建立跟用户的联系。

(7) 重要伙伴:谁可以帮我。

你通常不会只是单打独斗、一个人去创业,还会依靠其他资源,如帮你提供资源的朋友,甚至老师、家人、同学等,这些都属于重要合作对象。

(8) 收入来源:你在这份职业中获得的收获。

这里的收入是广义的概念,包括物质回报和非物质回报。其中物质回报包括薪酬、福利、股权等;非物质回报则包括环境氛围、发展机会、成就感、满足感等。

(9) 成本结构:你需要为这份职业付出什么。

这里的付出包括时间、精力、金钱,甚至你的压力。

根据这九个要素,你会发现,个人跟企业的商业模式画布其实有区别的:对企业来说,考虑最多的因素是财务方面的成本和收益;但对个人来说,你还需要考虑工作是不是开心、有没有发展前景,等等。

(资料来源:孙圈圈.请停止无效努力:如何用正确的方法快速进阶[M].北京:团结出版社,2017:175-180,有删改。)

思考

(1) 规划和设计个人商业模式对你有何意义?

(2) 个人商业模式要素的内在逻辑是怎样的? 为什么?

(3)每个人都是自己的CEO,请同学们使用个人商业画布工具,像创办企业一样给自己做规划。

最想对自己说的话：

行动与实践

7-1 商业模式探寻

请查阅资料,了解"樊登读书""罗辑思维""晓说"等知识IP节目,以团队为单位讨论并完成以下任务：

(1)请分别说出"樊登读书""罗辑思维""晓说"这三个节目的关键业务。

(2)从上述三个节目中任选一个共同完成其商业模式画布。

要求：

(1)团队自己寻找适合的场地,最好有足够大的墙面可以用来张贴画布。

(2)使用便利贴和水彩笔以便于思路梳理和结论形成。

(3)分工明确、合理,注重团队协作。

(4)拍摄团队成员与共创成果的创意照片并分享。

实践反思

第七章　价值创造的商业逻辑

7-2

根据行动与实践 6-2 产品原型的测试结果,即创意产品 3.0 版本,以模拟创业团队为单位,分组使用精益创业画布工具梳理各团队的创业逻辑。

要求:

(1)各团队自己寻找实践活动场地,最好有足够大的墙面可以用来张贴画布。

(2)各团队在 A1 纸上绘制精益创业画布框架,用水彩笔书写各要素的标题。

(3)各团队做好分工并讨论,随后将各要素的设计关键词写在便利贴上,并粘贴在与画布要素相对应的地方。

(4)团队成员一起浏览整个画布的内容,成员分工讲述各部分要素的内容以及与其他要素之间的关系,其他人可随时提出质疑。

(5)各团队根据质疑重新讨论,并调整便利贴的内容或位置,直至所有成员达成共识;验证创意方案是否可行。

(6)拍摄团队成员与共创成果的创意照片并分享。

实践反思

_____
_____
_____
_____
_____
_____

认知与成长

1. 我的"第一次"备忘录

同学们是不是感觉做自己以前从未做过的事现在慢慢成为一种习惯了?如果是,那么祝贺你!!敢闯的自信心越来越强了!

我的"第一次"

(1)_____
_____
_____

(2)

(3)

(4)

(5)

2. 我的认知重构

请根据知识加油站的资料内容,通过图书查阅、期刊阅读、网络搜索等途径对下列知识点进行梳理,并结合实践体验概括总结形成自己的认知。

(1)"商业模式要素及框架"之我见。

(2)我的生涯规划观。

▶ 本章小结

商业模式从本质上讲是利益相关者的交易结构,描述了企业如何创造价值、传递价值和获取价值的基本原理,包含九项要素,各要素间存在一定的逻辑关系。任何一个企业都有它自己的商业模式,并且随着环境的不断变化,需要动态调整。企业要想获得成功就必须从设计适合该企业的商业模式开始,新成立的企业是这样,发展期的企业更是如此。设计商业模式的过程就是一个创新的过程。

大学生作为创业者要像经营企业那样经营自己:构建自己的协作关系、塑造自己的产品或服务、保护自己的名誉、把注意力投放到产出更高的地方,为自己探寻一条价值持续增长的成长之路,不断创新、不断进步!

第八章 商业路演

【观点】 化身TED演讲者,把有价值的思想传播出去,吸引更多人关注

传播有价值的思想意义非凡。现任TED掌门人克里斯·安德森说:"一次演讲令人惊奇的地方在于,你可以用几分钟的时间启发人们的思想。这几分钟能把人从观众转变为参与者。关键词是'灵感',它更像火花、催化剂,让你参与到比自己更伟大的事情中去。"成功的创业者们经常会在公众场合进行路演,潜移默化地向受众传递有料、有趣的价值观。可能有人认为"脚踏实地"说现状很重要,但"仰望星空"谈使命更容易获得支持。

学习导读

创业者能否成功地创造商业机会,进而创建新的企业或开拓新的事业,与自身拥有和控制的资源数量、质量以及对资源的利用程度密切相关。要想将商业想法变成现实则需要拥有核心资源。创业是创业者通过资源整合、利用机会创造价值的过程,其本质是对资源进行整合转化和利用以实现公司价值的增值。创业者获取资源的有效途径之一就是通过商业路演将有价值的创业想法广而告之,引发受众共鸣,获得其关注和资源支持。因此,明确商业路演的目的,巧妙设计传播内容和形式,学习如何有效传播有价值的思想不仅仅是创业者应具备的基本素养,更是每一个人应对不确定性的必备技能。

本章学习内容

主要包括:了解商业路演的意义和原则;了解商业路演金字塔核心要素;掌握商业路演的设计与呈现的技巧;掌握商业路演的现场把控技巧等。通过本章的学习,学习者可以体验商业路演的全过程;学会用最短时间传递有价值的想法以及如何有效传递;提升商业路演的设计和呈现能力。

本章学习目标

态度目标

(1)树立传播正向价值观的意识;

(2)培育自信、勇敢的意志品质。

能力目标

(1)能够与他人共同完成商业路演内容和形式的设计；

(2)能够在公众场合下接受质疑并现场答辩；

(3)能够运用商业路演技巧与受众建立良好的沟通关系；

(4)能够熟练使用工具制作和剪辑视频、设计路演PPT等；

(5)能够对他人商业路演过程的优缺点进行有效评价。

知识目标

(1)能够清晰地表述有效传播的逻辑与呈现的新认知；

(2)能够阐述在不同场景下如何有效传播有价值的想法。

引导案例

两个商业路演场景的对比

场景一：

……在市场这块，根据中国残联的数据统计，目前，我国有2057万听障人士，并且以每年3万人的速度递增，这是一个非常庞大的弱势群体。为这群弱势群体提供服务的市场需求是非常非常庞大的。我们愿意去做这个市场并为他们努力。

同时我们这款产品可以移植到其他残疾人身上，比如说盲人的口语命令系统……(此刻，他被主持人打断了，告知时间已到。)

场景二：

大家好，我的项目是同程旅游网，我的目标是把同程旅游网做成中国乃至世界上最大的旅游超市，让所有的旅游者和旅游供应商能够直接在这个平台上进行交流和交易，以减少双方的交易成本。关于这个项目，我想用下面四个问题来进行说明。

第一个问题，为什么能赚钱？

很简单，因为我们已经帮助客户赚到了钱。在我们这个平台上面有上万家旅游企业，很多旅游企业都通过这个平台找到了自己的合作伙伴，所以现在我们的收费会员接近4000家。

第二个问题，能赚多少钱？

2004年，我们网站的营收是30万元；2005年，我们网站的营收是300万元，今年我们的目标是800万~1000万元，目前已经完成了50%。我想如果有VC(venture capital，风险投资)介入的话，我们的目标是到2008年做到一个亿。

第三个问题，为什么是我们？

最重要的原因是我们的团队都热爱旅游行业，还有就是我们有一个完整的团队。

团队共有五个人,三个是我的大学同学,一个是任课老师,我们已经相识有12年了。而且在这三年里我们已经建立了一定的进入障碍和壁垒,也建立了品牌忠诚度。

最后一个问题,能赚多长时间?

2005年,中国旅游业的总收入是7600亿元人民币,每年以将近10%的速度在增加,到2020年的时候,整个中国的旅游收入将达到2.5万亿元人民币。

这是一个非常巨大的市场,也是一个值得我和我的团队用一辈子的时间去做的一件事情,谢谢!(提前6秒结束)

(资料来源:陈璋.顶级商学院的36堂职场沟通课[M].上海:上海交通大学出版社,2018:255-257.)

启示

这是发生在由中央电视台财经频道出品的全国性商战真人秀节目《赢在中国》的真实场景。该节目通过一系列的角逐,选拔出优秀的创业人才,他们可以获得由企业提供的一大笔风险投资。台上的选手需要用短短几分钟的时间展示自己的创业想法,目的是获得投资人的认可和资源支持。这不仅仅是风投的敲门砖,更是创业者对项目过去的梳理以及对未来发展的理性思考。说给谁听,说什么,如何说,这些问题是商业路演者考虑的重要因素。

1. 从案例中可以看出受投资人青睐的路演有何特点?

2. 你认为准备一场好的商业路演应该考虑哪些因素?为什么?

3. 该案例对你有何启示?

课前活动：我最难忘的一次说服经历

学习目标

(1) 通过活动体验一对一说服与面对公众演讲的不同；

(2) 了解路演的目的和作用。

活动实践

时间计划及步骤(8分钟)

本实践活动在教室内以模拟创业团队为单位组织开展。

步骤一：事件回顾(2分钟)。

各团队成员回顾让你难忘的一次说服他人的经历，与组内座位相邻的同学进行相互分享。

步骤二：大班分享(3分钟)。

各团队选出一位同学，在全班范围内做30秒左右的分享。

步骤三：反思(3分钟)。

思考：说服他人与当众分享在受众、目的以及心理等方面有何不同？当你做当众分享时是否所有同学都在认真聆听？为什么？怎样做才能在做当众分享时吸引受众的注意力？

活动感悟（记录下你内心深处的真实想法）

我听到了：_____

_____

_____

_____

我看到了：_____

_____

_____

_____

我的感受及启发：_____

知识加油站

8-1 商业路演的设计思路与准备

1. 商业路演的内涵

路演原指一切在马路上进行的演示活动,现在是指在公共场所进行演说、演示产品、推荐理念以及向他人推广自己的公司、团体、产品、想法的一种主要表达形式。为获取融资或实现其他既定目标,创业者及其团队向投资者进行推荐和沟通的表达方式,即商业路演。由于商业路演具有逻辑清晰、通俗易懂、用时短、传递信息量大、容易引起共鸣等特点,已经成为创业者及其团队用来与风险投资者交流的主要工具。

随着时代的发展,商业路演的内涵和形式也都已经发生了很大的变化。根据功能,路演可以细分为融资路演、上市路演、产品路演、项目路演和品牌路演等。依据其形式,则分为传统的线下路演、线上路演、视频路演以及目前流行的直播路演。今天,路演已经延伸成为企业、产品、品牌甚至是个人展示价值、讲述愿景的重要方式之一。但是,不论哪种路演,都离不开其核心——演讲。

2. 商业路演的设计思路

人类从不缺智慧,但是如何能够真切地表达自己的思想是需要智慧的。商业路演必须根据时间、场地等资源条件,经过严谨的设计,去传播有价值的思想、观点,达成路演的目的。一场好的商业路演必须明确演讲的类型与功能、明确目标目的、确定演讲中心思想、总结归纳演讲要点;同时还必须了解受众的期望、需求、心态、能力和观点,循循善诱地表达观点并引发他人共鸣。

商业路演设计包括内容、表达的逻辑、呈现形式等,并综合考虑路演的时间、受众、类型等因素,有不同的设计方案。但其总体框架和要素如下。

(1)关注受众,明确目标。

创业者往往会关注自己说什么,而忽视了受众想听什么,有时候适当的换位思考能够帮创业者和投资人更好地交流。优秀的演讲者必须清楚地知道受众是谁、他们想要了解什么、想要得到什么。例如:"挑战杯"全国大学生课外学术科技作品竞赛路演的受众,更注重学术科技发明创作带来的实际意义与特点,考察参赛者的科技创新能力、对社会问题的关注及其分析解决问题的能力;在中国国际"互联网+"大学生创新创业大赛的路演中由于各赛道不同,评委关注的点也不尽相同。又如,针对初创企业的天使轮融资路演,投资者最看重创始人的素养和未来发展潜力,而不是项目本身或者其商业模式。

路演讲台上,一个优秀的演讲者其实就是一个优质的传播工具、一个顺畅的传播渠道,能够在第一时间引导受众去了解演讲的核心观点。商业路演的演讲者所要做的重要工作,都应该是"连接"受众并建立自身与受众的信任关系。商业路演的目的包括但不限于信息传递和说服,说服是最终要达成的目标之一。最终目标还可能是验证创业想法、为项目融资、打磨项目、寻找潜在客户或供应商等。

(2) 梳理内容、突出核心。

任何路演都围绕着明确的演讲中心、清晰的逻辑展开内容。通常情况下的商业路演内容主要包括社会痛点、行业市场、竞品分析、解决方案、产品服务、商业模式、执行情况、发展规划、核心团队、融资需求等。但是要根据商业路演的目的、时间限制以及受众做有针对性地设计。

很多人认为"脚踏实地"地在有限时间内阐述清楚现状,如痛点问题、创新产品或服务、市场空间、团队能力、竞品分析、财务数据、风险等要素非常重要。但是,往往"仰望星空"的愿景展望更容易引发受众的共鸣。例如:华为的愿景是"构建更美好的全联接世界";哔哩哔哩的使命是"构建一个属于用户让用户感受美好的社区,为创作者搭建一个舞台,让中国原创的动画和游戏受到全世界的欢迎"。正所谓:"三流企业卖产品、二流企业卖技术、一流企业卖文化",创业者清晰的核心价值观和理念更能给所有的受众和投资人带来憧憬,且使之更容易被接纳并获得支持。

(3) 逻辑清晰、易于表达。

爱因斯坦曾说:"逻辑优先于现实,只要逻辑上成立,现实当中就一定会发生。"成功的商业路演往往归结于创业者清晰的内容和逻辑。逻辑是用来强化认知的。没有逻辑就没有认知,没有认知就没有任何价值。同程旅游网CEO吴志祥在路演中提出了四个明确的问题,其自问自答更是简单高效。因为,投资人最想了解的也是这四个问题:为什么能赚钱? 能赚多少钱? 为什么是我们? 能赚多长时间?

常用的逻辑结构模式有以下几种。

①SBA结构。《穹顶之下》这部纪录片的开场是这么说的:"今天我就要跟大家来谈三个问题:第一,雾霾是什么? 第二,它从哪里来? 第三,我们怎么办?"这种演讲结构简洁明了。先抛出主题(subject);其次补充背景(background);最后是行动(action),即如何做。

②WHW结构。WHW分别指的是Why、How、What,这就是著名的演讲"黄金圈"法则。TED大会历史上最受欢迎的演讲者之一西蒙·斯涅克认为:那些成功的组织者和领导者的思考方式是由内向外的,即从"为什么做"到"怎么做"再到"做什么",而普通人恰恰相反,甚至只能停留在"做什么"这一层。创业者通过路演可以吸引拥有同样信念的人,这很重要,因为,每个人内心都有一份渴望,只要你能用"为什么"去打动他人,就能为未来创业成功奠定一定的基础。例如:疯狂的"米粉"们特别认同雷军

的那句话:"让每一个人都能享受科技的乐趣",尽管小米有那么多的不完善,有那么多的问题,但依然不影响"米粉"们对小米产品的疯狂热爱。

总而言之,演讲内容的逻辑应符合:"凤头-猪肚-豹尾",即开场主题鲜明、中间内容丰富、结尾观点突出有力。

(4)坚定自信,创新形式。

好的内容,需要有新颖独特、个性化的呈现形式,才能更容易获得受众的认可。无论是路演者的着装、语句、语速、肢体语言、声音、PPT的呈现形式等都会影响演讲最终的呈现效果。《赢在中国》《创业英雄汇》等节目以及历届荣获中国国际"互联网+"大学生创新创业大赛金奖项目等路演的实践证明:优秀的路演者说话气场很足、语速适中、语调抑扬顿挫、表情面带微笑,表现出很强的自信力和感染力,并且极具说服力,能深深地打动受众;所呈现出的强烈的画面感和视觉冲击也会给人留下深刻的印象。

3. 商业路演的准备

通常情况下,创业者在做商业路演前需准备一系列材料,包括商业计划书、路演PPT、路演视频等。

(1)商业计划书。又称 BP(business plan),是一份全方位的项目计划资料。一方面,创业者通过撰写商业计划书,可对前期的调研资料进行归纳、整理和分析,梳理项目内容和逻辑,衡量项目进展现状,理清未来的方向和思路,为下一步项目的执行落地奠定基础。另一方面,商业计划书也是获取投资人等利益相关人关注的敲门砖,能够让他们快速了解项目的核心价值,以便获得更多的支持资源。

商业计划书的内容因路演的目的、要求等不同存在差异。通常一份完整的商业计划书主要包括公司或项目简介、市场机会、产品或服务简介、商业模式、融资计划、风险管控、战略规划、运营现状、团队组织等(图 8-1)。

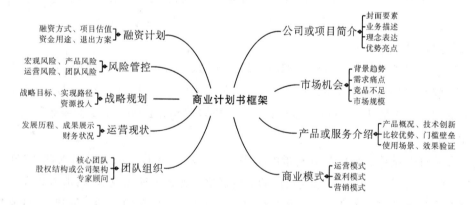

图 8-1 商业计划书框架

(2)路演 PPT。路演 PPT 就是商业计划书的精华版、浓缩版,是最能够直观展示创业项目的文件,也是配合演讲者演讲的道具,起到提纲挈领的作用,既要提示重点、展示产品,又不能喧宾夺主。① 与商业计划书相比较,路演PPT的优势在于可以同时让多个受众更直观、简洁地了解创业项目的核心内容及项目诉求,降低时间成本、提高工作效率。PPT的页数也因路演时间、目的、受众不同而有所不同。

(3)路演视频。路演视频是通过视频的形式把演讲者的核心思想生动、形象地展示出来,突出项目的核心竞争优势,用最短的时间把话说清楚。视频内容可以介绍产品或服务,也可以展示其主要功能、设计理念、使用场景、操作步骤等,主要用于促销、洽谈项目、组织会展活动、竞标、招商引资、开产品发布会等。此外,与商业计划书、路演PPT相比,路演视频具有信息量大、方便有效、展示直观等特点。路演视频除了给投资人看以外,还可以给合作者、客户等人观看,一个好的视频比演讲者更能打动人。

学习随笔

_____
_____
_____
_____
_____
_____

课堂讨论 黄金30秒分享

学习目标

(1)通过活动了解并体验商业路演的重要性;
(2)理解商业路演的影响因素。

活动实践

时间计划及步骤(10分钟)

本活动在教室内以模拟团队为单位组织开展。各团队派出3~5名成员做商业路演分享,其余人员留守。

步骤一:准备工作(2分钟)。

各团队梳理创业的想法;统一为每个成员设计路演话术。

---

① 陈俊."互联网+"时代创新创业大赛[M].北京:中国林业出版社,2020:94-105.

步骤二:分享想法(5分钟)。

各团队派出成员分头找到其他团队,用30秒的时间分享自己团队的创业想法,观察受众的语言、表情和肢体反应。

步骤三:回顾及反思(3分钟)。

回顾刚才的活动过程,你期待的结果是什么?受众想听什么?你做路演时的第一句话是什么?你在30秒内完成分享了吗?你是如何看待30秒的时间限制的?

活动感悟(记录下你内心深处的真实想法)

我听到了:_____

我看到了:_____

我的感受及启发:_____

8-2 商业路演的技巧

1. 商业路演的设计技巧

(1)开场的设计技巧。

开场时受众的注意力处于最高峰。商业路演开场最初30秒的目标是吸引注意力,让受众愿意接受问题并感到舒服自在,激发受众的热情和兴趣,或告知演讲的目的、价值、内容。引人入胜的开场方式有以下三种。[①]

①有"针对性的故事"开场。好的路演者通常会用讲故事的方式来引出主题。有故事就会有戏剧性的冲突,有冲突才会引发受众共鸣。讲故事就是将路演的内容贯穿故事的全过程,并在开头或结尾处表明核心观点。

讲故事需要注意以下几点:最好是自己经历过的事;确保故事内容与演讲的中心思想密切相关;故事要感性十足且有针对性,能让受众跟着你重温当时的情景。

②以"震撼人心的事实"开场。震撼人心的开场往往依赖具有冲击性的画面和令人信赖的数据资料,因为数据背后的事实会冲击传统认知。采用这种开场方式最重要的是要引爆受众的情绪,让其对接下来的分享产生期待。

③以"有影响力的问题"开场。有影响力的问题开场通常使用"为什么"等疑问句形式。因为它能激发受众的好奇心,使之想更清楚地了解事情的来龙去脉。这样就可以使路演环环相扣,引人入胜。

(2)PPT制作技巧。

①图像+文字。为提升受众的视觉舒适度,快速抓住路演传递的核心观点,创业者在做路演时采用"图像+文字"的方式更为适宜。通常一页PPT的文字不超过15个,且文字大小分明、色彩鲜明、错落有致,突出显示要强调的内容。

②观点精练。经典的语句往往给受众耳目一新的感受,短小精悍、恰如其分的编排也会让受众难以忘怀。例如,人们不关心"你做了什么",他们更在意"你为什么这么做";"每人每天有86400秒";"这是最好的时代,这是最坏的时代"等观点语句。

③配色一致。配色一致的PPT以呈现艺术的美感,唤起受众对创业者品牌的好感。背景颜色与主题浑然一体,是展示、宣传品牌形象的最佳途径。适当采用夸张的手段会给受众带来与众不同的体验。

④巧用特殊字体。特殊字体的选用与编排是一个锦上添花的呈现方式,可以渲染氛围,提升视觉冲击效果,让人记忆犹新。

2.商业路演的呈现技巧

商业路演的呈现应服从内容表达、情绪表达的需要及美的需要。

(1)声音语言技巧。

创业者做商业路演时需声音响亮;语调需要有变化,可加入停顿、重音等技巧以增强表现力;使用快语速用以鼓励和激发受众,使用慢语速用以强调和惊叹相应内容;吐字清晰、减少口头禅;使用简单的词句;多用排比、比喻等修辞手法;多用疑问句代替陈述句;多讲故事;多归纳总结;多用对比式表达。

---

① 多诺万.TED演讲的秘密:18分钟改变世界[M].冯颙,安超,译.北京:中国人民大学出版社,2014:81-86.

(2)身体语言技巧。

创业者在做商业路演时其站姿与仪态需要做到挺直腰板,并适当变化位置;手自然下垂、略贴近两侧裤缝,站立时自然得体;手势应舒展大方,腰部以上多用手掌、忌用手指;眼神专注、面带微笑。

(3)道具使用技巧。

演讲时最重要的核心因素是"人",道具只是一个辅助工具。但是如果创业者做演讲时使用道具,如切换幻灯片让图表与演讲内容浑然一体,可以让受众感受到创业者准备充分、自信满满,更易理解演讲内容。

(4)心理情绪稳定技巧。

面对公众做演讲时,人人都有恐惧心理。创业者在做商业路演时可以通过充分准备、熟悉演讲内容、提前演练、深呼吸、专注于演讲内容等方法来克服恐惧、紧张等心理。

学习随笔

___

8-1 优秀路演观摩

在网络上搜索任意一届"中国国际'互联网+'大学生创新创业大赛"或者"'挑战杯'大学生课外学术科技作品竞赛"的金奖项目视频,以模拟团队为单位进行观摩。

要求:

(1)各团队任选一个比赛视频作为研究案例。

(2)团队观摩。第一遍观摩:捕捉演讲者内容的精髓并记录演讲者是如何构思并表达出来的,填写优秀路演项目演讲提纲。第二遍观摩:捕捉语言等细节表达方式,包括语句、语速、语调、停顿、表情、肢体语言等运用,并详细记录。第三遍观摩:关注各种设计元素的运用,包括幻灯片动画的使用、视频插入的时机以及道具的运用并记录。

(3)汇总并整理优秀路演项目演讲提纲、优秀路演项目细节及设计元素的运用(表8-1、表8-2)并分享。

第八章 商业路演

表8-1 优秀路演项目演讲提纲

要素	论点	论据	用时
开场			
A部分			
B部分			
……			
结论			

（资料来源：多诺万.TED演讲的秘密：18分钟改变世界[M].冯颙,安超,译.北京：中国人民大学出版社,2014:81.）

表8-2 优秀路演项目细节及设计元素的运用

序号	项目名称	细节描述优点	设计元素运用特征
1			
2			
……			

实践反思

1. 你从优秀的路演者身上看到并学到了什么？

2.请把访谈过程中你印象最深的场景、事件、任务、表情等以关键词的形式记录下来。

_____

_____

_____

_____

8-2 创意项目路演

请根据第4～7章行动与实践的探索结果——创意项目3.0产品方案及原型,以模拟团队为单位准备一次模拟商业路演——创意产品发布会。

1. 创意项目路演需准备的资料

(1)5～8页路演PPT。

主要内容:项目名称;团队成员及分工;围绕"Why - How - What"说明:为什么做?怎样做?做了什么?做到什么程度?与竞品相比有哪些优势?要求:针对痛点问题的陈述要清晰,有论点、有论据、有调研数据,说明迭代原因,使过程清晰。

(2)1分钟产品或项目视频介绍。

主要内容:PPT中不能呈现的应用场景、冲突再现、强调痛点问题呈现等,以及如何解决问题的路线和原理、线路图等。视频表现形式不限,可以是实景拍摄、动画制作,也可以是手绘创意制作等。

(3)创意产品路演发言提纲及文字稿。

参考优秀路演案例提纲,团队共同撰写5分钟左右的路演提纲和发言稿,并练习打磨。

2. 创意项目路演时间安排

(1)各团队抽签决定出场顺序,各团队路演时间限时5分钟(最长不超过6分钟)。

(2)全体成员穿正装出席路演。

(3)各团队选出一位评委入座评委席,对各团队从项目技术可行性、需求可行性、创意想法实现的可信程度等方面进行现场提问。

(4)各团队路演结束后的3分钟内,下一个团队做好上台演讲的准备。

(5)各组评委填写路演观摩记录表(表8-3)对各团队的路演做书面记录及评价,并选出评委代表做分享。

表 8-3 路演观摩记录表(样表)

观摩人姓名：　　　　　学号：　　　　　班级：

路演序号	项目名称	项目创新点	路演呈现的优点	项目或现场路演待完善之处

认知与成长

1. 我的"第一次"备忘录

终于到最后的冲刺了。你还做出了哪些勇敢的"第一次"突破？祝贺你终于完成了艰巨的自我挑战任务！！

我的"第一次"

(1) _____

_____

_____

(2) _____

_____

_____

(3) _____

_____

_____

(4) _____

_____

_____

(5) _____

_____

_____

2. 我的认知重构

请根据知识加油站的资料内容，通过图书查阅、期刊阅读、网络搜索等途径对下列知识点进行梳理，并结合实践体验概括总结形成自己的认知。

(1)"有效传播的逻辑与呈现"之我见。

_____

_____

(2)"怎样在不同场景下有效传播有价值的想法"之我见。

(3)我的生涯规划观。

▶ 本章小结

创意想法的技术可行性、需求可行性和商业可行性在较小范围内得到验证后,需要在更大的范围内进行广泛传播并再次验证。创意想法的可行性得到再次验证后,说明其具有较大的价值,创业者则可以获取更多利益相关者的资源,创业团队的所有成员需共同努力并将想法变成现实。所以,创业的过程是一个获取资源、整合资源、转化资源、使企业价值增值的过程。从哪里获取资源、如何获取资源是每一个创业者面临的难题。商业路演就是一种被创业者广泛采用的获取资源的途径和方法,用愿景和使命打动受众,用精心设计和震撼人心的呈现形式引起关注并得到利益相关者的认可和支持。

同理,在创业旅途中,同学们作为创业者要积极分享自己有价值的想法,吸引更多的人加入其中并展开深度合作,与他人共同开创未来,实现人生的美好愿景!

附录 实践工具箱

每一次人类文明的进步,都离不开工具。在发明汽车之前,人们可能认为马是最快的。从马到汽车,到火车、轮船,到飞机,再到互联网的使用,工具不仅放大了人的能力,还使人超越了生理和物理上的极限。有些人可能因为学不会从而排斥使用工具。有的时候,勇敢地尝试使用新工具,也是思维方式突破的有效方法。

附录 A　能力测评类工具

1. 创新能力水平自我测评

附表 A1-1　创新能力水平自我测评

题目	无	偶尔	时有	经常	总是
(1)我不人云亦云					
(2)我对很多事情喜欢问为什么					
(3)我的思维常常无拘无束,没有限制					
(4)我能摆脱传统思维的束缚					
(5)我常从别人的谈话中和书本中发现问题					
(6)我勇于提出新想法、新建议					
(7)我观察事物敏感					
(8)我的创新欲望强					
(9)我头脑中记住的东西用时能及时提出来					
(10)我的求知欲望强					
(11)我不迷信权威					
(12)我头脑灵活					
(13)我的想象力丰富					
(14)我相信自己的创造潜力能充分发挥出来					
(15)我不迷信书本					
(16)我能从创新性工作中获得乐趣					
(17)我看重事业的成功					
(18)我的联想能力强					
(19)我有远大的工作目标					
(20)我喜欢幻想					

(资料来源:魏梅金.探索式创新思维与应用[M].北京:中国铁道出版社,2020:77-78。)

计分方法:"无"记 1 分,"偶尔"记 2 分,"时有"记 3 分,"经常"记 4 分,"总是"记 5 分。请把 20 个题目的分值加在一起,计算总分。

若你的总分在 80 分以上,表现为创新能力水平程度高;总分在 70~79 分,表现为创新能力水平程度中等偏高;总分在 60~69 分,表现为创新能力水平程度中等偏低;

总分在60分以下,表现为创新能力水平程度低。

2. 创造性人格测试

判断下列20种情况的陈述是否符合你的情况?如果符合自己的情况就在括号里打上"√",如果不符合就打"×"。请注意,本测试只是询问一般倾向,所以不必在回答问题时,考虑某些特殊情况。

(1)在做事、观察事物和听人说话时,我能专心一致。(　　)

(2)我说话、写作文时经常用类比的方法。(　　)

(3)我能全神贯注地读书、写字和绘画。(　　)

(4)完成老师布置的作业后,我总有一种兴奋感。(　　)

(5)我不大迷信权威,常向他们提出挑战。(　　)

(6)我很喜欢(或习惯)寻找事物的各种原因。(　　)

(7)观察事物时,我向来很精细。(　　)

(8)我常从别人的谈话中发现问题。(　　)

(9)在进行带有创造性的工作时,我经常忘记时间。(　　)

(10)我总能主动地发现一些问题,并能发现和问题有关的各种关系。(　　)

(11)除了日常生活,我平时差不多都在研究学问。(　　)

(12)我总对周围的事物保持着好奇心。(　　)

(13)对某一些问题有新发现时,我精神上总能感到异常兴奋。(　　)

(14)通常,我能预测事物的结果,并能正确地验证这一结果。(　　)

(15)即使遇到困难和挫折,我也不会气馁。(　　)

(16)我经常思考事物的新答案和新结果。(　　)

(17)我有很敏锐的观察能力和提出问题的能力。(　　)

(18)在学习中,我有自己选定的课题,并能采取自己独有的发现方法和研究方法。(　　)

(19)遇到问题,我经常能从多方面来探索它的解决办法而不是固定在一种思路上或局限在某一方面。(　　)

(20)我总有些新的设想在脑子里涌现,即使在玩耍时也常能产生新的设想。(　　)

(资料来源:谢利苹著.创造力与创造性人格[M].北京:中国商务出版社.2015:84-85.)

这里列出的20道题是一个高创造性学生所具有的个性心理特征。如果你的情况符合上述条数越多(打"√"的题目越多),说明你的创造心理越好,也标志着你的创造力可能很高。如打了"√"的数目占总数(20题)的90%以上,说明你的创造心理特征非常好;如在80%左右(打"√"的有14~17道题),则属于良好;在50%左右(打"√"的有10~13道题),则属于一般;30%以下则比较差。

附录 B 创新实践类工具

1. 客户画像

目标

(1)对客户基本信息和行为信息进行研究,充分认识目标客户的特征。

(2)对客户群体进行研究,按照其共有特征将其划分为不同的群体。

(3)找出客户群体的共性和典型特征,探索特定群体的需求。

使用场景

(1)对客户的消费行为进行分析对客户群体的特征进行描述时。

(2)向客户群体描述他们自身的特征,以设计与客户(客户群)相关的商业模式时。

持续时长

20～40 分钟。

工具

A1 纸,水彩笔,两种颜色的便利贴,宽透明胶带。

行动

本实践活动以模拟创业团队为单位组织开展。

(1)用宽透明胶带将 A1 纸纵向贴到墙上,并在纸的中间画出客户头像。

(2)将写有客户基本信息的便签贴,贴到对应的区域,如男女比例、年龄分布、职业特征、家庭收入等(使用同一种颜色的便利贴)。

(3)将写有客户消费行为的便利贴,贴到对应的区域,如客户的消费额统计、购买产品类型(家用、办公、体育用品等)、消费方式(网上还是实体店)、付款方式(微信支付、支付宝、现金、银行卡等)(使用另一种颜色的便利贴)。

(4)综合团队的意见,找出客户群体真实需求、动机,以及我们可以为他做什么。

附图 B1-1 客户消费行为分类示例

成果

创业团队通过数据分析、客户聚类等手段视觉化呈现客户群的特征。通过描述客户群的"虚拟身份"特征,使团队成员充分理解客户的消费行为和客户群体细分,为后续设计创意解决方案提供指导意见。

2. 同理心地图

目标

(1)可以帮助团队讨论并提升对客户群体的真正理解。

(2)讨论观察到了什么,从而推断出客户群体的信念和情感需求。

(3)完全站在客户的角度,充分理解他们的需求、痛点以及需要解决的问题。

使用场景

(1)问题探索阶段需要移情时。

(2)使用客户旅程地图之前,对角色进行分析。

(3)设计创意解决方案之前的想法酝酿阶段。

(4)想法归纳、汇总、合成时。

持续时长

20~30分钟。

工具

A1纸,水彩笔,不同颜色的便利贴,宽透明胶带。

行动

本实践活动以模拟创业团队为单位组织开展。

(1)用宽透明胶带贴将A1纸横向贴到墙上,在中间画上一个圈,定义客户画像的名称。

(2)将与角色相关的信息分成"想到的""看到的""感受到的""经历过的"四个不同类别。

(3)移情到角色身份来描述特定场景,使用不同颜色的便利贴做记录,并将移情角色的经历、经验以及听到、看到和感受到的信息张贴在对应区域。

(4)综合小组的意见,找出角色确实想要什么,驱动该人行为的要素是什么,以及我们可以为他做点什么。

成果

团队绘制同理心地图,形成目标客户痛点和需求假设。

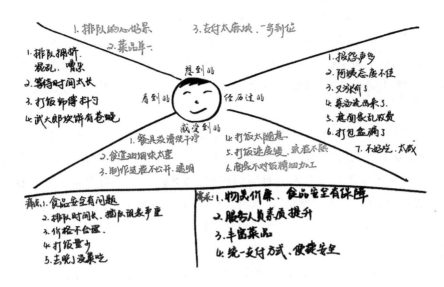

附图 B2-1 同理心地图示意图

注意

移情并不是简单地换位思考,而是要化身为客户。团队成员的所有思考和行动都是以客户身份出现,完全忘掉自己,像电影演员一样体验生活,完全融入到客户角色之中。

3. 现场访谈调研

目标

(1)通过调研客户发现问题、了解其痛点,为创意方案产生奠定基础。

(2)研究想法产生的思考全过程,了解客户的真正需求。

(3)揭示新的探索路径,更进一步地了解客户的体验和需求。

使用场景

(1)采访创业者,了解创业者的创业动机、过程、感想和体会等。

(2)问题探索阶段,需要充分了解目标客户群遇到的问题。

(3)原型及测试阶段,需要充分了解目标客户对创意方案的看法,探寻解决问题的排序、尚未理解的深层次需求以及是否真正解决了痛点问题。

持续时长

20～30分钟。

工具

笔记本、笔(或者录音笔)、录像设备等。

行动

本实践活动以模拟创业团队为单位组织开展。

(1)访谈准备。根据团队设计的主题或者需要解决的问题,设计调研访谈提纲。

形式可以是一对一,也可以是一对多,还可以是多对多。

(2)访谈提问。在访谈过程中,团队主要以开放式问题进行提问。开放式问题多以"现状如何、最不满是什么、感受如何、为什么、最理想的状态"等语句进行提问。在客户回答过程中通过追问"假如……就会……",引导客户澄清某些问题,理解背景、状态、难点、痛点。

在采访创业者时,团队成员可根据自己想了解的问题提前准备访谈提纲,可以对受访者的创业动机、创业过程以及创业感受等进行提问;在问题探索阶段、原型及测试阶段,主要了解被访谈对象对创业目标的理解、遇到的困难或阻力以及有何感受、难点、痛点等,发现客户的客户期望、需求与现状之间的差距,从而找到矛盾的根源。

(3)了解并记录访谈结果。整理并归纳不同被访谈客户的回答记录,确定客户的痛点问题。

(4)深层次聚焦。从客户角度出发,探索客户情绪、行为和动机背后的深层次需求。

成果

创业团队形成一份完整的访谈记录,具体见附表 B3-1。

附表 B3-1 现场访谈记录

时间、地点	拟提问的问题	被访谈对象	回答
	1. 2. ……		
结论:			

注意

(1)引导客户多说,重点是了解客户的核心需求,对各种需求做优先级排序。

(2)针对问题的改进措施征求客户的意见。

4. 客户旅程地图

目标

(1)充分理解客户的内心感受,体验客户的行动、体验、情感。

(2)探索记录最终客户与设计主题相关的旅程。

(3)体会客户痛点,揭示未知的客户需求,产生创意主题。

使用场景

(1)在问题探索阶段,对客户的行为、痛点和需求进行充分了解,寻求机会时。

(2)在原型及测试阶段,验证目标客户对创意方案的看法,探寻尚未理解的深层次需求,为创意方案快速迭代提供依据时。

持续时长

20~30分钟。

工具

A1纸、水彩笔,不同颜色的便利贴,红色不干胶小圆贴,宽透明胶带。

行动

本实践活动以模拟创业团队为单位组织开展。

(1)用宽透明胶带贴将A1纸横向贴到墙上,如下图在A1纸上划分出"人物""脚本""目标和期望"等区域。

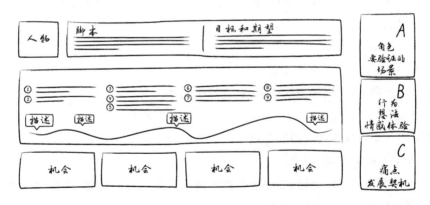

附图 B4-1 客户旅程地图划分示意图

(2)客户旅程描述。使用不同颜色的便利贴对区域特征进行定义并描述。

①人物:即客户画像。写下所关注的5~10个客户群的年龄、区域、行为特征等信息。

②脚本:对客户在使用产品或服务的时间、场景、行为等进行简单描述。

③目标和期望:即明确客户的需求、期望获得的体验。

④客户旅程过程及触点标记:逐步确定客户在每一个阶段所采取的实际步骤和行为,关注不求详尽,以便过渡到下一步;描述客户在每一步行动中的想法、面临的问题

和相应的感受;找到客户行动中与产品或服务交互的触点。

(4)确定痛点。在行为描述中用红色不干胶小圆贴标记客户的负面情绪点,从而确定客户痛点问题存在的具体场景。

(5)机会探寻。综合考虑客户的目标、期望的过程、完成该阶段目标的步骤和触点、每个触点的体验感受,完成整套旅程需要的时间等方面的内容。密切关注在出现负面情绪最强烈的几个触点上,客户的需求和欲望是什么?是否可以将其作为创意主题?

成果

创业团队绘制一张过程完整、客户特征明确、痛点和场景清晰的客户旅程地图。

注意

客户旅程地图需要从客户角度而非业务角度出发,必须以客户的视角来填充。整个故事线需完全围绕客户的行为展开,保证地图的完整性。

5.5WHY 分析法

目标

(1)发现未知的事实。

(2)揭示因果、找到真正的需求。

使用场景

在问题探索阶段,希望探寻问题表象背后所隐藏的深层次的原因时。

持续时长

20~30 分钟。

工具

A1 纸,水彩笔,不同颜色的便利贴,宽透明胶带。

行动

本实践活动以模拟创业团队为单位组织开展。

(1)在墙上横向张贴 A1 纸。

(2)根据客户遇到的问题,按照重要程度进行排序,筛选并确定最终的讨论主题,将其写在便利贴上并贴到 A1 纸上。

(3)第一级原因探寻:针对问题的表象,使用 5WHY 分析法在便利贴上写下导致问题表象发生的多个原因。

(4)第二级原因探寻:根据已找到的原因,继续使用 5WHY 分析法在便利贴上写下导致问题表象发生的多个原因。

(5)依次类推,逐级挖掘,直到无法进行下去为止。

(6)建立各层级间的因果链接,形成一个直观因果链全景图。

(7)得出结论,确定客户深层次的需求和欲望。

成果

创业团队绘制出一张完整的因果链分析图,描述并呈现客户痛点问题背后所隐藏的深层次需求。

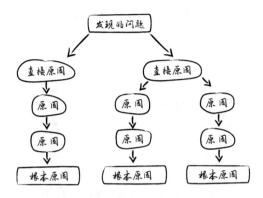

附图 B5-1 5WHY 分析示意图

注意

5WHY 分析法并不是问"5"个为什么,而是在问"客观存在的根本原因",原因可以是 4 个,也可以 6 个或者更多。通常可挖掘出至少 3 个原因。

6. 草图描绘

目标

(1)用纸和笔来描绘一个创新想法,以表达个人或者团队的思想。

(2)增强团队成员之间相互的理解,就讨论的主题达成共识。

(3)分析整个流程,制作路线图或表达一段体验的精髓。

使用场景

(1)在原型制作阶段,快速直观地展现一个想法时使用。

(2)在团队进行头脑风暴时,对想法的描述比较模糊、需要达成共识时使用。

(3)将散乱的想法进行整理时使用。

持续时长

5~40 分钟。

工具

A4 纸,水彩笔,A1 纸,记号笔。

行动

本实践活动以模拟创业团队为单位组织开展。

(1)准备纸和笔。深色的水彩笔最利于草图勾勒,因为画出的线条非常清晰,而且可以调整粗细。

(2)确定描绘草图的基本元素:"方框""圆""三角形""曲线"和"点"等。

(3)绘图。任何物体、流程、行为、状况、环境、情景、想法等都可以描绘草图。

(4)分享并达成共识。草图绘制完成后,团队成员向他人分享草图背后的故事和想法;确定最终的草图方案。

成果

创业团队绘制出一张能充分表达想法的草图,如附图 B6-1、附图 B6-2 所示,为深度研究和实现创新想法做准备。

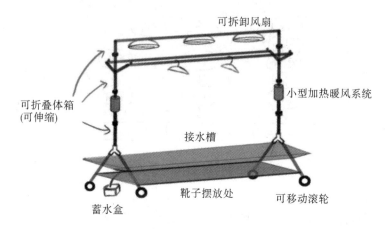

附图 B6-1　可烘干式简易晾衣杆草图

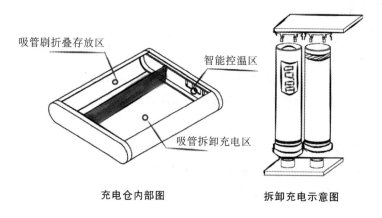

附图 B6-2　恒温吸管充电仓草图

注意

草图只画出必要的部分,能表达思想即可,不一定要画出完整的实体。

7. 纸质原型制作

目标

(1)用纸张、笔、剪刀和胶水等材料和工具来制作创新想法、场景、故事、愿景、目标、对未来的思考等模型,把需要讨论的创新想法清晰地展现出来。

(2)用纸张来制作界面、流程和角色经历的原型以供动态演示。

使用场景

(1)需要直观地表达、展现主题或想法,使得他人更清楚地了解所讨论的主题或想法时。

(2)对用户进行访谈,需要深入了解客户需求时。

(3)有想法需要澄清或达成共识时。

持续时长

20~40分钟。

工具

A4纸,废旧报纸,便利贴,水彩笔,剪刀,胶水,手机或录像设备。

行动

本实践活动以模拟创业团队为单位组织开展。

(1)准备纸质原型制作材料,利用便利贴构思原型的整体框架。

(2)利用准备的纸质材料将创新想法通过折叠、卷曲、连接等方法或手段做出立体化、可视化的实物。

(3)反复讨论修改原型设计作品,确保可以充分表达创新性的想法。

(4)分享:各团队分享展示纸质原型设计作品,确保展示的内容是对创新性想法内容的说明,注意控制时间。

(5)记录展示的内容,最好将汇报过程用手机或者录像设备记录下来,同时为原型拍摄照片。

成果

创业团队设计一个可视化创新产品或功能原型,如附图B7-1所示。

附图 B7-1 可自动跟随行李箱原型

注意

在活动进行中,如果纸质原型是为了呈现其功能性,创业团队可以充分利用便利贴和废旧报纸轻松改变外形或移动位置去实现。

附件 C　学习记录类工具

1. 云端 Office—石墨文档、腾讯文档、金山文档

目标

(1)创业团队多个成员共同编辑文档,减少反复传递信息的低效工作。

(2)对全文及逐字进行评论,意见和建议汇总在同一文档内。

(3)工作安排、项目进度在多云端同步,随时随地移动办公。

(4)利用各种云端办公软件,提升团队远程协作共创的能力。

使用场景

(1)团队讨论记录。创业团队成员将各自的观点记录在石墨文档中,最后形成团队的统一观点。

(2)商业路演材料准备阶段。团队成员分别完成部分任务,其他成员可以在其中一人写作的基础上进行添加或修改,最终形成完整的成果。

(3)其他需要多人协作、沟通时。

工具

石墨文档(官网:https://shimo.im/)、腾讯文档(官网:https://docs.qq.com/)、金山文档(官网:https://www.kdocs.cn/)。

行动

本实践活动以模拟创业团队为单位组织开展。具体实践操作在相应文档中完成。

成果

创业团队所有成员在线讨论各种文件稿记录。

2. 思维导图

目标

(1)开发全脑潜能,提升想象力和创造力,成就创新思维。

(2)将头脑中抽象的思维转化为直观的画面,有效激发学习兴趣。

(3)提高学习速度和效率,快速地记笔记,更快地学习、吸收新知识。

(4)将所学知识进行结构化思考、逻辑思考、辩证思考、追问意识等,使各种思维方式相融合,并在此基础上进行自我认知的建构。

使用场景

(1)团队讨论。记录不同观点,刺激并发散思维,直观呈现讨论主题及框架内容。

(2)学习笔记。梳理章节或者全部课程内容,并将关键词和主要内容进行归类列示,可以系统全面地掌握知识结构框架,帮助记忆和理解,建构新的认知。

持续时长

10~30分钟。

道具

A4纸,水彩笔,手机或电脑。

行动

(1)手绘思维。

①选一张尺寸合宜的空白A4纸横放,从中央开始写上主题,线条呈放射状。

②从中央开始,画上主题。主脉由粗到细,只写关键词。关键词要写在线条的上方,文字长度等于线条的长度,同一主脉脉络,从头到尾都只能用同一种颜色。

③主要概念离主题更近,次要概念离主题更远。后面的关键词用来补充说明前面的关键词。

④一个线段上只能放一个关键词或关键图;线条用来呈现关键词间的逻辑关系。

⑤关键词如果摆在"前后",表示两者之间有绝对的"因果"关系,或是绝对的"顺序"关系。

(2)在线绘制。

①百度脑图。网站地址:http://naotu.baidu.com/。特点:免费,使用简单方便,功能丰富,交互体验好。

②知犀。网站地址:https://www.zhixi.com/。特点:免费,提供大量模板,可导出多种格式。

③Gitmind。网站地址:https://gitmind.cn/。特点:作为全平台思维导图软件,集头脑风暴、思想共创、规划、构建、管理、决策、沉淀等功能于一体,可安放闪念、激发心流。

也可通过网络搜索更多的在线绘制软件绘制思维导图。

(3)App绘制软件。

①Mindline。特点:操作简单、功能强大,导出方便,可随时分享给好友。

②MindMaster。特点:适合零基础使用,可一键生成多级的思维导图,有云存储功能,而且可以将文件分享到微博、微信、朋友圈等社交平台。

③XMind。特点:有很多模版可用,可随手记录灵感、建立主题,快速建立可视化大纲,支持各种平台的同步分享。

也可通过网络搜索更多的思维导图App去绘制思维导图。

成果

学习者绘制思维导图形成个性化学习笔记、讨论记录等,如附图C2-1所示。

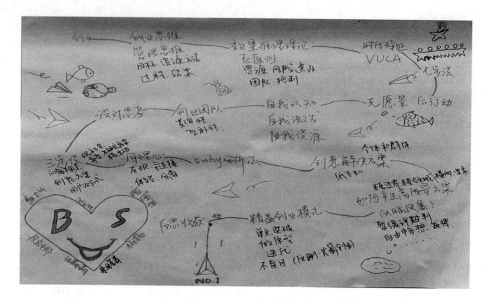

附图 C2-1　思维导图绘制示意图

3. 图文排版编辑

目标

（1）提升设计和创造力，激发创新思维。

（2）运用新媒体平台或工具创新性地表达和呈现图文并茂的观点或知识。

（3）记录个性化学习成果，让学习有趣、有料。

使用场景

（1）宣传海报制作。例如，团队共创海报制作、产品创意方案的可视化呈现。

（2）文案编辑。进行调研前提前准备文案和创意图片，向被调研者呈现创意，让其充分理解创意方案的核心思想。

（3）原型产品发布。洞察客户痛点、挖掘需求后，制作产品原型并将产品1.0、2.0、3.0版本进行发布。

持续时长

20~40分钟。

工具

手机，电脑。

行动

（1）选用合适的编辑器软件。

①135编辑器。一款提供微信公众号文章排版和内容编辑的在线工具，样式丰富，支持秒刷、收藏样式和颜色、图片素材编辑、图片水印、一键排版等功能，轻松编辑微信公众号图文。网址：http://www.135editor.com。

②秀米编辑器。一款专用于微信平台公众号的文章编辑工具,秀米编辑器拥有较多原创模板素材,排版风格也较多样化、个性化。网址:https://xiumi.us/。

③FLBOOK。一款比较好用的,而且免费的样本排版设计制作工具,拥有海量精品样本排版设计模板,其一键套用功能支持微信朋友圈分享和微博分享。网址:https://flbook.com.cn/。

也可通过网络搜索更多的编辑器软件进行更多探索。

(2)根据具体场景进行图文编辑制作。

成果

学习者通过图文排版编辑器的学习和使用可形成个性化学习笔记、创意产品软文＋图片、产品原型制作等。

4. 成长日记

目标

(1)提升设计和创造力,激发创新思维。

(2)运用新媒体工具进行创新性的表达和呈现。

(3)记录每一天的学习、收获,让成长看得见。

使用场景

(1)学习过程和收获记录。将每一章内容以及所见、所想随时以图文并茂的形式记录下来并分享。

(2)文案编辑。进行调研前提前准备文案和创意图片,向被调研者呈现创意,让其充分了解调研主题。

(3)写日记、学习计划,也可以当作备忘录记录一些生活琐事。

持续时长

5~20分钟。

工具

马克笔,水彩笔,笔记本,手机。

行动

(1)纸质手帐。在专用手帐本或任意一本笔记上用除文字以外的其他图形、符号、图画等方式记录每一天的成长。

(2)App 软件。

①青柠手帐。实体手帐的电子版,拥有手帐本、贴纸、画笔以及胶带,所有内容能够自由编辑和排版,能插入图片以及编辑文字,能关注和评论其他用户的手帐作品,是一款集图文编辑、社交功能于一身的记事应用 App。

②其他手账。可在手机应用商店搜索更多手帐 App。

成果

学习者形成个性化学习笔记、讨论记录、成长日记等,具体见附图 C4-1、附图 C4-2。

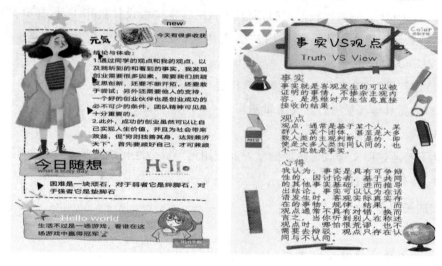

附图 C4-1　个性化学习笔记　　　　附录 C4-2　成长日记

5. 学习笔记

目标

(1)提升设计和创造力,激发创新思维。

(2)创新性地表达和呈现。

(3)记录每一段学习内容及认知的建构成果。

使用场景

学习过程和收获记录。将每一章内容以及所见、所想随时以图文并茂的形式记录并分享。

持续时长

20~40 分钟。

工具

马克笔,水彩笔,笔记本,手机或电脑。

行动

(1)视觉笔记。视觉笔记是将内容与结构抽象化,以可视化的方式呈现笔记的一种工具。简单来说就是把看到的、听到的或者想到的内容,以图像和文字相结合的可视化方式记录下来。

(2)云笔记。云笔记是一种记笔记的软件工具,常用的软件有印象笔记、有道云笔记等。印象笔记支持所有的主流平台系统,一处编辑,全平台之间可以同步使用;同时,支持不同用户编辑同一个笔记,以实现团队协作办公。有道云笔记具有分类整理笔记、自动同步文件、随手记录、可在手机端编辑、在线速写等功能。

(3)美篇。美篇是一个表达自我、结交同好、提升学习的内容应用App。其优势在于图文创作。它可以通过随意拖动图片、调整文字位置与大小,按个人意愿进行内容创作,以图文等方式记录生活、人生感悟,并把这些与其他人分享。

成果

学习者形成个性化学习笔记、难忘的课程时光记录等,具体见附图C5-1、附图C5-2。

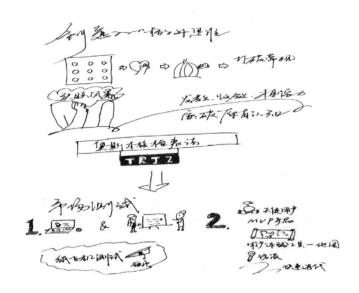

附图 C5-1 美篇:三个月的创新创业

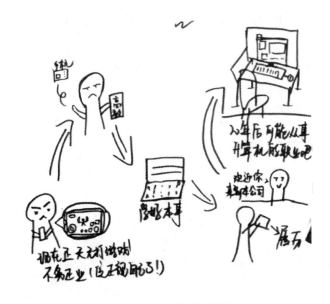

附图 C5-2 个性化学习笔记

6. 视频编辑

目标

(1) 提升设计和创造力,激发创新思维。

(2) 创新性地表达和呈现给他人的任何主题或问题。

(3) 记录并回顾学习过程,打造学习体验的巅峰时刻。

使用场景

可在用户访谈、团队共创活动、商业路演等环节做记录和效果呈现。

持续时长

20～30分钟。

工具

手机,录像设备,电脑。

行动

(1) 用手机或录像设备等录制现场视频。

(2) 选择视频剪辑软件。

① 剪映。无需专业基础就可以轻松编辑视频。剪映带有全面的剪辑功能,支持变速,有多种滤镜和美颜效果,也有丰富的曲库资源。目前可在手机移动端、Pad端、Mac电脑、Windows电脑全终端使用。

② 爱剪辑。以适合国内用户的使用习惯与功能需求为出发点进行创新设计,提供视频剪辑、文字特效、去水印等功能的视频剪辑软件。爱剪辑目前仅有Windows版本和App版本。爱剪辑官网:http://www.ijianji.com/。

(3) 根据所拍摄视频的主题以及剪辑要求进行编辑。

成果

剪辑出一段音效兼具,能够实时动态反映特定场景的视频。

附件 D 学习复盘工具

1. 难忘的课程时光

时光像一辆高速飞驰的"复兴号"高铁,从"现在"穿越时空来到"未来"。创新创业体验之旅就要跟大家说再见了。一路走来,同学们一定有很多触电般的"巅峰记忆"吧。请同学们通过团队协作的方式使用美篇或 135 编辑器等工具回顾并记录最难忘的温馨时刻吧(要求:图文并茂,添加音乐、照片等)!将时光和内心的感受定格在某年某月。请将美篇的网址链接或者照片粘贴记录在下方空白处。

2. 学习成长复盘报告

同学们共同走过了难忘的"创新创业之旅",从学习课程时对未知的忐忑到慢慢了解、熟悉再到逐渐融合,成长的岁月里留下了你们深刻的印迹。大家共同经历了很多第一次,共同见证了彼此的成长,也有很多值得大家珍藏和回忆的点点滴滴。大家是不是也有很多想说、想记录的东西呢?学习成长复盘报告或许就是一个很好的梳理工具,这不仅仅是一份总结,更是一份记录自己成长时光的答卷。人们只有在不断反思、质疑和总结中才能实现快速成长。这个实践过程体验是值得骄傲和自豪的,同时也充满了甜蜜的回忆!或许你现在不会马上进行创业实践,那就在你心里埋下一颗小小的种子,期待有一天小小种子会生根发芽,长成参天大树!感谢一路同行!期待你能够做更好的自己!!

学习成长复盘的报告的写作要点:①回顾目标;②盘点事件;③分析原因;④总结规律。具体如附图D2-1所示。

附图 D2-1 学习成长复盘报告写作要点

课程学习复盘报告

《创新创业基础》

姓名：_____ 专业年级：_____ 日期_____

1. 课前学习的预期

回顾课程开始前你的课程预期目标，并做详细记录。

2. 学习过程记录

(1)我听到老师和同学们说了、做了：

(2)我的感受：

(3)让我最难忘的：

3. 学习评价及行动

(1)学习预期目标有哪些实现了？你是怎样做到的？

(2)学习预期目标有哪些没有实现？原因是什么？

(3)收获和体会。

(4)我的改变。

(5)选择你印象最深的3个知识点，想象你在未来学习或生活中应用它们的场景并列出下一步的行动计划。

4. 附件：学习作品集

（1）个人学习或创新的成果（能体现全部学习过程的材料，如参与课堂讨论的照片、调查报告、个性化学习笔记、课堂作业、实践活动记录等）。

（2）团队学习作品（参与团队共创的学习作品并注明个人的贡献）。

参考文献

[1] 鲁百年.创新设计思维(第2版):创新落地实战工具和方法论[M].北京:清华大学出版社,2018.

[2] 祝海波.创新创业基础教程[M].南京:江苏凤凰美术出版社,2019.

[3] 张玉利,陈寒松,薛红志,等.创业管理[M].4版.北京:机械工业出版社,2016.

[4] 朱燕空.创业学什么:人生方向设计、思维与方法论[M].北京:国家行政学院出版社,2016.

[5] 杜鹏举,罗芳.大学生创新创业基础[M].北京:中国铁道出版社,2018.

[6] 博内特,伊万斯.人生设计课:如何设计充实且快乐的人生[M].周芳芳,译.北京:中信出版社,2022.

[7] 朱恒源,余佳.创业八讲[M].北京:机械工业出版社,2016.

[8] 张玉利,陈寒松,薛红志,等.创业管理[M].5版.北京:机械工业出版社,2020.

[9] 兰西奥妮.团队协作的五大障碍(全新修订版)[M].华颖,译.北京:中信出版社,2013.

[10] Read S, Sarasvathy S D. Knowing What to Do and Doing What You Know: Effectuation as a Form of Entrepreneurial Expertise[J]. Journal of Private Equity, 2005, 9(1):45-62.

[11] 瑞德,萨阿斯瓦斯,德鲁,等.卓有成效的创业[M].新华都商学院,译.北京:北京师范大学出版社,2015.

[12] 于春杰.创业基础[M].北京:清华大学出版社,2020.

[13] 肖祥银.管理心理学[M].天津:天津科学技术出版社,2018.

[14] 张凌燕.设计思维:右脑时代创新思考力[M].北京:人民邮电出版社,2015.

[15] 孙洪义.创新创业基础[M].北京:机械工业出版社,2016.

[16] 周苏.创新思维与方法[M].北京:机械工业出版社,2019.

[17] 莱斯.精益创业[M].吴彤,译,北京:中信出版社,2012.

[18] 殷月竹,许峰.TRIZ创新原理在日常生活中的运用[J].中国校外教育·高教(下旬刊),2015(z2):542.

[19] 龚焱.精益创业方法论:新创企业的成长模式[M].北京:机械工业出版社,2015.

[20] 刘志阳,李立武,任荣伟,等.创业管理[M].上海:上海财经大学出版社,2016.

[21] 陈俊."互联网+"时代创新创业大赛[M].北京:中国林业出版社,2020.

[22] 多诺万.TED演讲的秘密:18分钟改变世界[M].冯颙,安超,译.北京:中国人民大学出版社,2014.

[23] 陈璋.顶级商学院的36堂职场沟通课[M].上海:上海交通大学出版社,2018.

[24] 魏梅金.探索式创新思维与应用[M].北京:中国铁道出版社,2020.

[25] 周乐.思维风暴[M].沈阳:辽海出版社,2019.

[26] 奥斯特瓦德,皮尼厄.商业模式新生代[M].黄涛,郁静,译.会杰,审校.北京:机械工业出版社,2011.

[27] 孙圈圈.请停止无效努力:如何用正确的方法快速进阶[M].北京:团结出版社,2017.

[28] 谢利苹.创造力与创造性人格[M].北京:中国商务出版社,2015.